Mob Chronicles

Mob Chronicles

Anton Schwartz

hello.antschwartz@gmail.com

Édition : BoD · Books on Demand, 31 avenue Saint-Rémy, 57600 Forbach, bod@bod.fr

Impression : Libri Plureos GmbH, Friedensallee 273, 22763 Hamburg (Allemagne)

ISBN : 978-2-3225-4152-2

Dépôt légal : Juillet 2024

"La Mafia n'est pas un conte de fées. Elle est sinistrement réelle et a balafré le visage de l'Amérique de presque tous les crimes possibles."

Estes Kefauver
Président de la commission sénatoriale sur le crime organisé

CONTENU

Au même titre que la conquête de l'Ouest, la guerre de Sécession, ou les révolutions de la Silicon Valley, la mafia fait partie intégrante de la formidable histoire des États-Unis. Prenant son essor au début des années vingt avec la Prohibition, le crime organisé s'immisça progressivement dans chaque artère de la société et finit par impacter le commerce et la politique du pays tout entier. Al Capone, Lucky Luciano ou encore Meyer Lansky firent ainsi partie des légendes damnées qui surgirent des *speakeasies*, jusqu'à forger un véritable mythe, fait de pouvoir et de dollars, aux yeux de plusieurs générations d'Américains.

En dépit des meurtres, de la violence et des existences quelquefois sordides auxquelles étaient confrontés les membres de la pègre, Hollywood et de nombreux ouvrages cultes comme *Le Parrain* élevèrent pourtant ces criminels en tuxedos au rang d'icônes glamours, dont les destins seraient prétendument régis par l'honneur et la famille. La réalité était hélas bien plus sombre. Derrière cette fascination pour les empires clandestins, se cachaient avant tout des gangsters, des escrocs et parfois même des traitres, prêts à vendre leurs anciens associés pour éviter de finir leurs jours en prison. Bien entendu, ce versant noir reste toutefois sublimé par les reflets d'individus ayant su se hisser des ruelles mal famées au sommet de la société, grâce à leur mépris des lois et à leurs instincts hors normes.

D'innombrables ouvrages sur le crime organisé ont déjà été publiés et chaque nouveau mot sur le sujet pourrait désormais sembler de trop. Pourtant, si la mafia est aujourd'hui entrée dans la conscience collective, les histoires personnelles de celles et ceux qui l'ont forgée sont encore très méconnues. Saviez-vous que Joseph Bonanno avait suivi des cours pour devenir acteur de cinéma avant de diriger l'une des plus puissantes familles new-yorkaises? Étiez-vous au courant qu'Al Capone avait monté son propre groupe de banjo à la prison d'Alcatraz? Vous a-t-on raconté comment Santo Trafficante Jr., le maître de la Floride, s'était échappé de justesse des terribles geôles du régime cubain? Tous ces fragments de vie constituent pourtant un trésor inestimable pour mieux comprendre et appréhender ces milliers d'âmes qui formèrent jadis l'une des plus incroyables organisations criminelles que cette nation ait jamais portées. Grâce à des recherches s'appuyant sur des sources de premier ordre, telles que des archives de la CIA, des journaux d'époque, des dossiers du FBI, des rapports judiciaires et des récits de nombreux auteurs à la crédibilité éprouvée, vous trouverez ici deux cents anecdotes toutes plus étonnantes les unes que les autres, rigoureusement annotées et classifiées en douze chapitres thématiques.

Sentez les effluves de bourbon frelaté. Écoutez cet air de jazz étouffé. Et suivez-moi derrière le rideau d'un monde secret, là où la pluie des *Roaring Twenties* tente d'effacer les péchés de la nuit.

MUGSHOTS

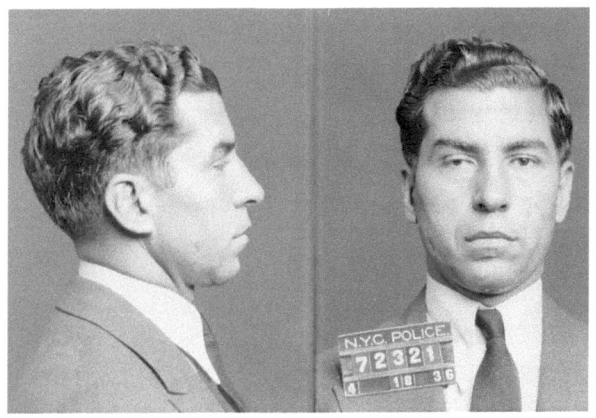

Mugshot de Lucky Luciano en 1931

Plus de cent-quarante personnalités liées à la mafia sont citées dans ce livre. Bien que leurs rôles soient régulièrement rappelés au fil des anecdotes, voici tout de même pour votre confort une galerie des principaux individus ayant façonné l'histoire du crime organisé américain, et donc des pages que vous tenez entre vos mains.

AL CAPONE | (1899-1947)

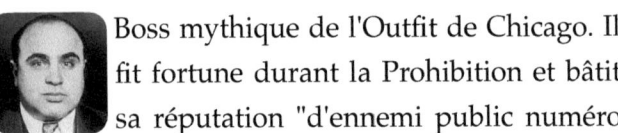

Boss mythique de l'Outfit de Chicago. Il fit fortune durant la Prohibition et bâtit sa réputation "d'ennemi public numéro un" à force d'actions violentes pour accroître son pouvoir.

ALBERT ANASTASIA | (1902-1957)

Proche de Luciano. Surnommé le "Haut Seigneur des Exécutions", il dirigea un groupe de tueurs à gages connu sous le nom de "Murder Inc.".

ALPHONSE "LITTLE AL" D'ARCO | (1932-2019)

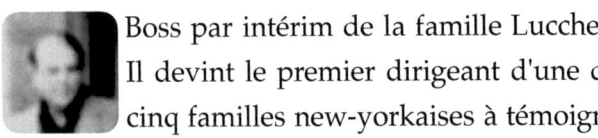

Boss par intérim de la famille Lucchese. Il devint le premier dirigeant d'une des cinq familles new-yorkaises à témoigner pour le gouvernement.

ANTHONY "GASPIPE" CASSO | (1942-2020)

 Underboss de la famille Lucchese. Il aurait tué plus de trente personnes et fut expulsé du programme de protection des témoins après plusieurs infractions.

ARNOLD ROTHSTEIN | (1882-1928)

 Gangster richissime, joueur professionnel et financier de la mafia. Il fit fortune lors de la Prohibition et travailla étroitement avec Luciano et Meyer Lansky.

BENJAMIN "BUGSY" SIEGEL | (1906-1947)

 Ami de Meyer Lansky et des vedettes d'Hollywood, il eut un rôle prépondérant dans le développement de Las Vegas, en créant notamment le célèbre hôtel-casino *Flamingo*.

CARLO GAMBINO | (1902-1976)

 Boss de la famille Gambino. Il fut l'un des chefs les plus puissants de la pègre américaine. Malgré cinq décennies de crimes, il ne fit que vingt-deux mois de prison.

CARMINE GALANTE | (1910-1979)

 Boss officieux de la famille Bonanno. Rarement vu sans son cigare, il organisa un énorme trafic de drogue entre le Canada et les États-Unis.

CHARLES "LUCKY" LUCIANO | (1897-1962)

 Boss de la famille Luciano. Il fut l'un des hommes les plus puissants de l'histoire de la mafia, et est considéré comme le fondateur du crime organisé moderne.

"CRAZY" JOE GALLO | (1929-1972)

 Lieutenant de la famille Colombo. Frustré par la cupidité de son boss Joe Profaci, il déclencha une guerre meurtrière en kidnappant quatre hauts gradés de l'organisation.

DUTCH SCHULTZ | (1901-1935)

 Chef d'un gang new-yorkais. Il amassa une fortune considérable durant la Prohibition et fut exécuté par Luciano en raison de sa personnalité incontrôlable.

ENOCH "NUCKY" JOHNSON | (1883-1968)

 Trésorier d'Atlantic City. Il refusa d'appliquer la Prohibition dans sa ville et noua des relations étroites avec la pègre. Sa vie inspira la série télévisée *Boardwalk Empire*.

FRANK COSTELLO | (1891-1973)

 Boss de la famille Luciano. Surnommé le "Premier ministre", il évoluait avec aisance entre l'univers criminel de la mafia et le monde feutré de la politique. Son pouvoir était immense.

FRANK SINATRA | (1915-1998)

 Chanteur de jazz de renommée internationale. Malgré son statut d'icône et ses cent-cinquante millions de disques vendus, son image souffrit des liens troubles qu'il entretint avec certains gangsters.

GEORGES REMUS | (1901-1935)

 Avocat et pharmacien. Il identifia une faille légale dans la loi instaurant la Prohibition et devint l'un des plus importants fournisseurs d'alcool pour la mafia.

GREGORY SCARPA SR. | (1928-1994)

Lieutenant de la famille Colombo et informateur pour le FBI durant trente ans. Surnommé "La Grande Faucheuse", il était réputé pour sa brutalité.

J. EDGAR HOOVER | (1895-1972)

Directeur légendaire du FBI durant trente-sept ans. Il survécut à huit présidents et possédait des dossiers compromettants sur de nombreuses personnalités.

JAMES "WHITEY" BULGER | (1929-2018)

Boss du Winter Hill Gang de Boston. Il réussit une cavale de seize ans, devenant le fugitif le plus recherché des États-Unis après Oussama ben Laden.

JOE "THE BOSS" MASSERIA | (1886-1931)

Boss de la mafia new-yorkaise durant les années vingt. Il déclencha une guerre meurtrière contre son rival Salvatore Maranzano et fut assassiné par Luciano.

JOE PROFACI | (1897-1962)

Boss de la famille Profaci. Il régna d'une main de fer sur ses troupes durant plus de trente ans. Profondément religieux, il fut aussi l'un des plus grands importateurs d'huile d'olive du pays.

JOEY MASSINO | (1943-2023)

Boss de la famille Bonanno. Il remit son organisation criminelle sur le devant de la scène, après que celle-ci fut décimée par l'opération du FBI "Donnie Brasco".

JOHN GOTTI | (1940-2002)

Boss de la famille Gambino. Il se hissa au pouvoir en assassinant son patron Paul Castellano, et devint célèbre pour ses tenues élégantes et ses nombreux acquittements judiciaires.

JOSEPH BONANNO | (1905-2002)

Boss de la famille Bonanno. Il participa activement à l'émergence des cinq familles new-yorkaises, et rompit l'omerta en écrivant son autobiographie.

JOSEPH D. PISTONE | (1939)

 Agent du FBI ayant infiltré la famille Bonanno entre 1976 et 1981 sous les traits de "Donnie Brasco". Son enquête à haut risque permit d'inculper deux cents gangsters.

MARIO PUZO | (1920-1999)

 Écrivain et scénariste spécialisé dans les histoires criminelles. Il vit sa renommée exploser après la publication de son livre phare, *Le Parrain*.

MEYER LANSKY | (1902-1983)

 Associé de Luciano. Réputé pour sa grande intelligence, il occupa un rôle prépondérant dans le développement de la mafia à Cuba, Las Vegas et New York.

MICKEY COHEN | (1913-1976)

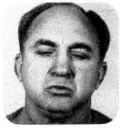 Boss de la famille Cohen. Après avoir travaillé sous les ordres d'Al Capone puis Benjamin Siegel, il développa ses propres activités criminelles à Los Angeles.

PAUL CASTELLANO | (1915-1985)

 Boss de la famille Gambino. Il succéda au mythique parrain Carlo Gambino et fut assassiné par John Gotti, qui lui reprochait entre autres sa trop grande cupidité.

PAUL VARIO | (1914-1988)

 Lieutenant de la famille Lucchese sévissant à Brooklyn. Il fut dépeint sous les traits du personnage Paul Cicero dans le film *Les Affranchis* de Martin Scorsese.

SALVATORE MARANZANO | (1886-1931)

 Rival de Joe "The Boss" Masseria. Il s'imposa comme le patron absolu de la mafia à New York en 1931, avant d'être trahi par Luciano quelques mois plus tard.

SAM GIANCANA | (1908-1975)

 Boss de l'Outfit de Chicago. Il fut impliqué dans l'élection de John F. Kennedy et dans un complot de la CIA visant à assassiner Fidel Castro.

SANTO TRAFFICANTE JR. | (1914-1987)

 Boss de la famille Trafficante. Il dirigea une grande partie de la pègre en Floride et étendit également ses opérations criminelles à Cuba.

TOMMY LUCCHESE | (1897-1962)

 Boss de la famille Lucchese. Très respecté par ses pairs, il forma notamment Santo Trafficante Jr., le futur patron de la pègre floridienne, à l'art du crime.

VINCENT "THE CHIN" GIGANTE | (1928-2005)

 Boss de la famille Genovese. Extrêmement prudent, il menaçait de mort quiconque prononçait son nom et se fit passer pour fou afin de détourner l'attention de la justice.

VINCENZO "BIG JIM" COLOSIMO | (1878-1920)

 Premier boss de l'Outfit de Chicago. Il unifia les nombreux gangs de la ville et fonda un empire criminel basé sur la prostitution, qui fut ensuite repris par Johnny Torrio et Al Capone.

VITO GENOVESE | (1914-1988)

Figure majeure du crime organisé, il succéda à Frank Costello à la tête de la famille Luciano, et la rebaptisa de son nom. Il fut notamment un allié du dictateur italien Benito Mussolini.

ÉLÉGANCE

Meyer Lansky posant pour le World Telegram

Paul Castellano, boss de la famille Gambino, fit exécuter le petit-ami de sa fille lorsqu'il apprit que celui-ci l'avait physiquement comparé à Frank Perdue, un homme d'affaires chauve spécialisé dans l'élevage de poulets[1]. Le corps du jeune plaisantin ne fut jamais retrouvé[2].

———

Le gangster Benjamin "Bugsy" Siegel était terrifié à l'idée de perdre ses cheveux. Il adorait les plaquer en arrière, mais constatait avec amertume que sa masse capillaire diminuait peu à peu. Bien décidé à stopper son alopécie naissante, il essaya en vain toutes sortes de lotions antichute[3]. Personne n'osait le vexer sur ce sujet ô combien sensible. Les coiffeurs du salon *Gornik-Drucker* de Beverly Hills l'assuraient diplomatiquement qu'ils pouvaient voir de nouvelles pousses se développer ici et là sur son crâne, et ses amis n'hésitaient pas à lui mentir à tour de rôle. Mais tous ces efforts ne suffirent pas à réconforter Siegel, qui alla jusqu'à pratiquer la sorcellerie pour conjurer la calvitie. Un soir, il récupéra ainsi une mèche de cheveux de l'acteur George Raft, la glissa dans une enveloppe avec deux mille cinq cents dollars en petites coupures, et jeta celle-ci dans le feu de sa cheminée[4].

———

Alors qu'il était en cavale depuis seize longues années[5], James "Whitey" Bulger, boss de la mafia à Boston, se fît repérer par Anna Björnsdóttir, une ancienne Miss Islande et participante à Miss Univers, qui vécu dans son quartier à Santa Monica[6]. Après avoir vu la photo du criminel sur CNN[7], elle comprit que son voisin n'était autre que le fugitif le plus recherché du pays, juste derrière Oussama ben Laden[8]. La reine de beauté toucha deux millions de dollars pour son aide aux forces de l'ordre[9].

———

Al Capone devait son surnom "Scarface" aux trois cicatrices qui zébraient son visage[10]. La plus grande s'étendait ainsi sur dix centimètres, du haut de sa mâchoire gauche au bas des lèvres[11]. Ces traits disgracieux apparurent à ses dix-huit ans[12], alors qu'il travaillait comme barman au *Harvard-Inn*, à Coney Island[13]. Séduit par une cliente, le gangster lui souffla à l'oreille qu'elle avait "un très joli cul". Hélas, Frank Galluccio, le frère de la demoiselle, entendit ses roucoulades déplacées et lui lacéra le visage avec un couteau[14]. Complexé par ses blessures, Capone appliquait d'épaisses couches de talc sur sa joue et ne présentait que son profil droit, encore intact, aux photographes[15]. Il prétendit même que ses cicatrices étaient dues à des éclats de shrapnel reçus en France durant la Première Guerre mondiale, bien qu'il ne mit jamais les pieds sur un champ de bataille[16]. Face au véto du puissant Joe "The Boss" Masseria, Capone ne put jamais se venger de Galluccio, mais finit par reconnaitre ses torts et embaucha régulièrement son agresseur en tant que garde du corps lors de ses passages à New York[17].

———

En 1944, Frank Costello oublia vingt-sept mille dollars dans un taxi. La somme fut saisie par les forces de l'ordre et mise sous séquestre jusqu'à ce que la preuve de sa légalité puisse être faite. Contre l'avis de son avocat qui lui conseillait de faire profil bas, le boss de la famille Luciano décida par vanité d'intenter un procès à la police de

New York[18] et de se présenter sous son meilleur jour face au jury pour le convaincre de lui restituer son dû. Le mafieux se mit ainsi à peaufiner son teint avec de multiples séances de lampes à bronzer et refusa de porter un costume bon marché. Au final, Costello remporta la partie. Mais une fois les taxes et les frais de justice payés, il ne lui resta plus que cent vingt dollars en poche[19].

——

Samuzzo "Samoots" Amatuna, gangster de Chicago, possédait deux cents chemises en soie dans sa garde-robe. Un jour, un blanchisseur ambulant brûla malencontreusement l'un de ses précieux vêtements. Rendu fou de rage par la nouvelle, il le poursuivit dans les rues de la ville et abattit son cheval en représailles[20].

——

Albert Anastasia, dirigeant du sinistre groupe de tueurs à gages "Murder Inc.", fut tué alors qu'il se faisait coiffer au *Park Sheraton Hotel* de New York. Après avoir encaissé quatre balles dans le corps, le "High Lord Executioner" ("Haut Seigneur des Exécutions") parvint à se relever, mais s'attaqua par mégarde au reflet des deux assassins dans le miroir du salon. Son erreur fut aussitôt punie d'une ultime cartouche dans la tête, mettant ainsi un terme à son existence[21]. La chaise d'Anastasia est aujourd'hui exposée au *Mob Museum* de Las Vegas[22].

———

Le mafieux Joseph Doto se faisait appeler Joe Adonis, en hommage au dieu grec Adonis, dont la divinité Aphrodite tomba éperdument amoureuse. Comme lui, Doto aimait en effet admirer sa beauté dans les miroirs. Un jour où il se peignait, Luciano lui lança: "Pour qui tu te prends, Rodolphe Valentino?", ce quoi à quoi Doto répondit qu'en "matière de look, ce type [était] un clochard"[23].

———

Vincenzo "Big Jim" Colosimo, premier boss de l'Outfit de Chicago, était passionné par les diamants. Il en arborait à chaque doigt et portait un fer à cheval orné de pierres précieuses sur son gilet. Ses boucles de ceinture et ses bretelles étaient également incrustées de gemmes étincelantes. Grâce à son activité de receleur de bijoux, il pouvait en effet acquérir des opales et autres rubis à des prix très avantageux. Les rares diamants qu'il ne revêtait pas étaient quant à eux soigneusement conservés dans ses poches, prêts à être offerts aux policiers qu'il avait sous sa coupe[24].

———

Enoch "Nucky" Johnson, boss officieux d'Atlantic City, accordait une grande importance à son allure. Chaque matin, son valet Louis Kessel sélectionnait l'un de ses cent costumes sur mesure et l'ornait d'un œillet rouge du meilleur effet. L'été, Thompson avait un faible pour les vestes couleur lavande et chocolat. Et quand l'hiver frappait la côte Atlantique de ses vents glacés, il ne manquait pas de porter son manteau en peau de raton laveur[25]. Des guêtres, des chaussures en cuir, et une canne complétaient sa panoplie du parfait gentleman. Durant la journée, Thompson aimait tout particulièrement se balader le long de la jetée, où il distribuait quelques dollars aux passants. Et lorsqu'il ne marchait pas, Kessel le conduisait à ses rendez-vous à bord d'une superbe Rolls-Royce bleue[26]. Surnommé le "Tsar du Ritz", en raison de sa domiciliation dans une suite de l'hôtel *Ritz-Carlton*[27], Thompson possédait également une Cadillac, une Lincoln et une Ford, qu'il utilisait en fonction de ses humeurs[28].

———

Salvatore Maranzano, boss de la future famille Bonanno, parlait douze langues et était passionné par les campagnes militaires de Jules César[29]. Ironie du sort, il mourut de multiples coups de poignard, comme son héros[30].

———

Arnold Rothstein, financier de la mafia, détestait ses dents, qu'il jugeait irrégulières et pas assez blanches. Il se les fit donc remplacer par un dentiste lors d'une opération de huit heures, et reparti de son cabinet à la nuit tombée pour collecter l'argent que lui devaient ses nombreux débiteurs, comme si rien ne s'était passé[31].

———

Frank "Bumpy" Lucas, patron afro-américain de la pègre à Harlem, écrivait de la poésie et jouait aux échecs. Allant à l'encontre des préjugés racistes de son époque, il sortit même avec une femme blanche qui travaillait comme chroniqueuse au magazine *Vanity Fair*[32].

────

Les médias faisaient preuve d'une certaine fascination pour John Gotti, boss de la famille Gambino[33]. À l'opposé de la discrétion habituellement prônée par les chefs de famille mafieuses, Gotti assumait en effet une image publique de gangster hollywoodien[34], arborant un style vestimentaire raffiné qui lui valut le surnom de "Dapper Don" ("Don Élégant")[35]. Le très sérieux magazine *Time* se joignit même à cette frénésie en commissionnant la star du pop art Andy Warhol en personne[36] pour illustrer la couverture de son édition du 29 septembre 1986[37]. Irrité par ces innombrables articles de presse, Jules J. Bonavolonta, le directeur de la division du crime organisé au FBI, se lamentait qu'avec "toute cette couverture médiatique [Gotti] commence à ressembler à un héros populaire"[38].

Frank Costello se rendait chaque jour au salon de coiffure du *Waldorf Astoria*, un luxueux hôtel new-yorkais. Pendant qu'il s'y faisait raser, manucurer, couper les cheveux et cirer les chaussures, d'innombrables personnalités politiques et criminelles patientaient dans un couloir, dans l'espoir de pouvoir s'entretenir avec lui. Bien que le lieu soit peu discret, Costello savait que le brouhaha ambiant ruinerait toute tentative d'écoute de ses conversations par la police[39].

Joseph Bonanno, boss de la famille Bonanno, était un homme cultivé, pouvant citer de tête des passages de la *Divine Comédie* de Dante ou du *Prince* de Machiavel[40]. Ses associés de la pègre lui reprochaient même d'employer des mots qu'ils ne pouvaient pas comprendre lorsqu'il s'exprimait en italien[41].

Le trafiquant d'alcool Georges Remus accordait une grande importance à son image. Il allait régulièrement à la salle de sport, portait un chapeau pour cacher sa calvitie[42], et parlait toujours de lui à la troisième personne[43]. Désireux de s'attirer les bonnes grâces de la haute société de Cincinnati, il organisait des fêtes dantesques dans son manoir de vingt chambres, dont l'entrée était jalousement gardée par deux statues de lions à quatre mille dollars pièce. Il possédait en outre une collection de manuscrits rares, dont un autographe de Georges Washington, un jardin orné d'arbres exotiques, des sculptures en marbre, des tapis orientaux, et offrit même un piano serti de feuilles d'or à sa fille adoptive[44]. Ses invités étaient généralement accueillis avec un billet de cent dollars sous leur assiette, et pouvaient boire les champagnes les plus fins dans une piscine de style romain, face aux musiciens et autres artistes aquatiques. Remus n'oubliait enfin pas de gâter ses convives en leur faisant cadeau de bijoux et d'automobiles Pontiac flambant neuves[45].

———

Benjamin Siegel aimait se coucher tôt, après s'être appliqué une crème hydratante et avoir placé un élastique autour de son menton pour empêcher son visage de s'affaisser. Il dormait également avec un masque sur les yeux[46].

———

Lucky Luciano apprit les bonnes manières en suivant l'enseignement d'Arnold Rothstein, le génial financier du crime. Grâce à ses conseils avisés, le jeune homme du Lower East Side découvrit comment utiliser ses couverts de table, à ouvrir les portes aux femmes et à les aider à s'asseoir en tenant leur chaise. Luciano regrettait d'ailleurs que Rothstein n'ait pas vécu plus longtemps pour le rendre encore plus élégant[47].

———

Sam Giancana collectionnait les antiquités, avec un intérêt particulier pour les objets en faïence et les tableaux. Il passait régulièrement dans des magasins spécialisés au gré de ses déplacements et s'efforçait de comprendre les différentes formes d'expression artistique[48]. En matière de peinture, ses goûts évoluèrent ainsi du réalisme vers les sphères plus abstraites du cubisme[49]. Le boss de l'Outfit était si absorbé par sa passion qu'il n'hésitait pas à punir sa fille à coups de ceinture lorsque celle-ci faisait malencontreusement tomber l'une de ses précieuses figurines en porcelaine[50]. À sa mort, ses nombreuses acquisitions furent vendues aux enchères par les galeries d'Art de Chicago[51].

CRIME

Carlo Gambino en 1930, New York Police Department

Roy DeMeo, tueur impitoyable de la famille Gambino, pouvait faire preuve de plus de tendresse pour les animaux que pour ses propres concitoyens. Bien qu'il ait exécuté plus de deux cents personnes avec son équipe[52], le mafieux prenait étonnamment plaisir à jouer avec les moineaux et aida même un jour une grenouille qui s'était perdue dans son jardin. Se prenant d'affection pour le batracien, il lui construisit un petit abri et venait le nourrir chaque matin avant d'aller honorer ses contrats[53]. Hélas, un jardinier qu'il avait embauché finit par malencontreusement broyer la grenouille avec sa tondeuse. Son fils Albert expliqua plus tard que sa tête "était violette de rage", qu'il "ne l'avait jamais vu comme ça" et que ses yeux se remplissaient de larmes". Endeuillé, DeMeo l'enterra dignement sous un arbre[54].

———

Benjamin Siegel tenta de vendre des explosifs à Benito Mussolini, alors chef du gouvernement italien, en 1938. Après avoir assisté à une démonstration privée d'une nouvelle substance dévastatrice appelée "Atomite", la comtesse Di Frasso, amante de Siegel, signa un contrat de cinquante mille dollars l'autorisant à commercialiser le produit en échange d'un pourcentage sur les recettes. Alléché par les promesses d'une arme inédite, Mussolini envoya une avance de quarante mille dollars au couple et les invita à Rome pour présenter l'Atomite aux militaires[55]. Hélas, une fois sur place, la démonstration échoua lamentablement. Irrité, le "Duce" exigea de récupérer son argent en menaçant Siegel et Di Frasso de croupir en prison s'ils n'obtempéraient pas. Pire, il ordonna qu'ils quittent la chambre douillette de leur villa pour aller finir la nuit dans les écuries. Buvant le calice jusqu'à la lie, Siegel constata que Mussolini fit même cadeau de leur ancien logement à deux hauts dignitaires du troisième Reich: Joseph Goebbels, ministre de la propagande, et Hermann Goering, chef des forces aériennes d'Hitler[56]. Profondément antinazi, Siegel songea à les tuer dans leur sommeil, mais renonça au dernier moment face aux risques encourus. Il regretta cette décision toute sa vie[57].

———

Alors qu'il dînait dans un restaurant du Queens, Paul Vario, lieutenant de la famille Lucchese, se

retint de bondir en voyant le maitre d'hôtel renverser par mégarde du vin sur la robe de sa
femme. Mais lorsque le maladroit se mit à parcou-
rir de trop près les courbes de son épouse afin de
l'essuyer à l'aide d'un chiffon sale, le mafieux ex-
plosa de rage et se mit à le frapper violemment. Le
maitre d'hôtel parvint à s'enfuir dans la cuisine,
sous la protection de ses collègues[58]. Bien décidé à
ne pas en rester là, Vario convoqua alors des ren-
forts et fit tabasser à coups de battes de baseball
tous les serveurs et les aides-cuistots à leur sortie
du travail[59].

————

Joseph P. Kennedy, le père du futur président des
États-Unis John F. Kennedy, fut associé à Frank
Costello dans une affaire de contrebande durant la
Prohibition. Les deux hommes importaient du
whisky écossais et irlandais dans l'État de New
York ainsi qu'en Nouvelle-Angleterre. Mais
lorsque Kennedy tenta d'étendre son trafic à Dé-
troit, sa tête fut mise à prix par un gang de la ville,
qui n'appréciait pas que l'on marche sur ses
plates-bandes. Fort heureusement, deux soldats de
Capone, Paul "The Waiter" Ricca et Murray "The

Camel" Humphreys, intercédèrent en sa faveur et mirent fin au contrat qui menaçait sa vie[60].

———

Un membre de la mafia peut être tué par sa propre famille criminelle s'il commet l'une des infractions suivantes:

- Ne pas partager l'argent généré par ses activités avec ses supérieurs[61] (la commission pouvant s'élever jusqu'à quatre-vingts pour cent du chiffre d'affaires[62]).
- Manquer de respect à un autre mafieux en se moquant de sa mère[63], en le frappant ou bien en couchant avec sa femme, sa maitresse ou sa fille[64].
- Être homosexuel. John "Johnny Boy" D'Amato, lieutenant de la famille De Cavalcante, fût ainsi exécuté car sa petite-amie lança la rumeur qu'il préférait les hommes[65].
- Refuser d'obéir à l'ordre d'un supérieur[66].
- Dire du mal du boss[67].
- Rompre l'omerta en parlant de ses activités avec quiconque n'appartenant pas à la mafia[68].

Enoch "Nucky" Johnson débuta sa carrière du bon côté de la loi en tant que shérif adjoint auprès de son père. Après lui avoir succédé, il parvint quelques années plus tard à s'élever jusqu'au poste de trésorier du comté d'Atlantic[69]. Mais fort de son influence grandissante et de ses multiples activités, il commença alors à accepter des pots-de-vin de tous les établissements souhaitant ouvrir des salles de jeux ou opérer des maisons closes[70]. Le politicien n'oubliait pas non plus d'exiger un pourcentage sur chaque litre d'alcool vendu durant la Prohibition et pouvait se gargariser de gagner près de cinq cent mille dollars par an[71]. De mèche avec la mafia new-yorkaise, il autorisait également les bootleggers à réceptionner leurs cargaisons dans le port de la ville[72] et accueillit avec une grande hospitalité la fameuse conférence d'Atlantic City, qui posa les bases d'un syndicat du crime national en 1929[73]. Finalement reconnu coupable de fraude fiscale en 1939, il fut condamné à dix ans de prison. À sa sortie, Johnson se retrouva seul et ruiné, avec uniquement deux cent cinquante-huit dollars en poche[74].

———

Dutch Schultz recommandait à ses hommes de verser du ciment frais dans les yeux de ses opposants afin de les rendre aveugles[75].

———

Charles Gagliodotto et Davie Petillo, tueurs à gages de la famille Genovese, s'habillaient en femmes pour ne pas éveiller l'attention de leurs cibles. Équipés d'un chapeau, d'une robe et d'un pistolet caché dans un sac à main, ils assassinèrent ainsi une douzaine de personnes sans se faire attraper. Leur contrat le plus étonnant fut rempli lors d'un enterrement. Dissimulés derrière un voile noir, ils montèrent dans la limousine d'un des invités et l'exécutèrent à bout portant[76].

———

Contrairement à la croyance populaire, la mafia n'est pas une entité unique dirigée par un seul homme. Il s'agit plutôt d'une constellation de groupes criminels obéissant aux mêmes codes et traditions, comme la loi de l'omerta[77]. Toutefois, il est exact qu'une commission nationale fût mise en place à partir de 1931 pour fluidifier les relations entre les familles, organiser certains rackets, et assurer les intérêts communs[78].

————

Meyer Lansky mena des raids violents contre les sympathisants nazis aux États-Unis[79]. Né sous le nom de Meyer Suchowljansky dans la ville juive de Grodno, alors sous domination russe[80], il fut confronté dès son plus jeune âge à un antisémitisme fiévreux, fait de pogroms et de discriminations[81]. Marqué par ce passé difficile, il mit un point d'honneur à combattre les amateurs du troisième Reich avec une équipe de gangsters juifs, et refusait toute aide de ses amis italiens. Plus tard, il déclara qu'il avait "adoré tabasser tous ces nazis", qu'il réservait "un traitement spécial aux chefs ou aux gros antisémites", et qu'il leur avait appris "qu'on ne pouvait pas dégager les juifs"[82].

————

Sam Giancana, boss de l'Outfit de Chicago, fit partie d'une bande de quarante-deux criminels dans sa jeunesse: le "42 Gang". Le nom du groupe était en réalité un clin d'œil au livre *Ali Baba et les Quarante Voleurs*. Avec les années, le gang s'agrandit jusqu'à près de cinq-cents membres et fournit de nombreux soldats à la mafia[83].

————

Vito Genovese donna deux cent cinquante mille dollars au parti fasciste de la ville de Nola, en Italie. En récompense, il fut élevé au rang de "Commendatore", la plus haute distinction possible pour un civil sous le règne de Mussolini[84]. Mais lorsque la Seconde Guerre mondiale tourna à l'avantage des forces alliées, Genovese s'empressa de renoncer à son titre honorifique et de prendre ses distances avec ses amis d'extrême droite. Souhaitant finir la guerre du bon côté, il offrit ses services aux troupes américaines présentes dans la zone de Naples en tant que guide et traducteur[85]. Grâce à son accès à la base militaire, il se mit alors à voler des camions qu'il remplissait avec la nourriture des entrepôts pour se faire de l'argent sur le marché noir. Loin de se douter de ses manigances, le capitaine Charles Dunn lui écrivit une lettre de recommandation élogieuse en 1944, dans laquelle

Genovese y est décrit comme "un atout sans égal" et "absolument honnête"[86]. Auréolé d'une réputation de bon patriote, le mafieux n'hésitait pas à dénoncer hypocritement les autres malfrats qui se livraient au marché noir pour mieux s'emparer de leur business. Malgré les soupçons qui finirent par s'accumuler contre lui, Genovese ne fut jamais condamné et put reprendre ses activités auprès de la mafia à New York à la fin de la guerre[87].

———

Soupçonné de donner des informations aux forces de l'ordre[88], Bruno Facciola, soldat de la famille Lucchese, fut poignardé puis exécuté de six balles dans la tête et la poitrine. Une fois mort, le cadavre d'un canari fut placé dans sa bouche. Le message destiné aux autres mafiosi était clair: interdiction absolue de parler à la police[89].

———

La mafia de Los Angeles était considérée avec beaucoup de dédain par les forces de l'ordre. Daryl Gates, le chef de police de la cité des Anges, surnomma même cette organisation "La mafia Mickey Mouse", et lança l'opération "Poids Léger" pour envoyer en prison une vingtaine de ses membres en 1984[90].

———

Avant de prendre le contrôle de la plus riche et puissante famille mafieuse des États-Unis, Carlo Gambino n'imposait pas un grand respect à ses confrères du crime organisé. Joseph Bonanno le décrivait ainsi comme "un poltron, un individu servile et obséquieux". Bonanno prétendit même qu'il avait vu Albert Anastasia s'apprêter à gifler Gambino sans que celui-ci ne réagisse[91]. Mais Gambino se rattrapa de manière spectaculaire par la suite, en dirigeant pendant plus de cinquante ans un millier d'hommes et d'innombrables rackets avec succès[92].

———

Jimmy Burke, associé de la famille Lucchese, fit exécuter son meilleur ami Remo après que celui-ci ait balancé l'un de ses convois de cigarettes de contrebande à la police[93]. Même si Remo venait de lui offrir un voyage en Floride pour son anniversaire de mariage[94], Burke ne lui pardonna jamais sa trahison. Il le fit donc étrangler dans sa voiture puis l'enterra sous une chape de ciment près d'un terrain de pétanque du Queens. À chaque fois qu'il s'y rendait pour jouer aux boules, Burke lançait sarcastiquement à son vieil ami "Salut Remo, ça boume?"[95].

―――

L'immense majorité des exécutions commanditées par la mafia visent ses propres membres ou des personnes en affaires avec elle[96]. Un contrat est ordonné par le boss ou les capitaines et ne peut en aucun cas être décliné par celui à qui on le confie, même si la victime est de sa famille proche[97]. Les meurtres sont le plus souvent effectués dans une voiture ou dans l'arrière-salle d'un restaurant. La méthode favorite des mafieux de New York est de loger deux balles derrière l'oreille du condamné[98].

DOLLARS

Al Capone interrogé au Chicago Detective Bureau en 1931

Paul Vario adorait payer ses sorties avec sa femme à l'aide d'une carte de crédit volée. Malgré ses importants moyens financiers, le mafieux acceptait le risque de se faire arrêter pour ressentir la sensation grisante d'escroquer quelqu'un et de s'en tirer à bon compte. Ni la musique, le repas, ou même son épouse ne parvenait à lui procurer autant de satisfaction que le vol[99].

———

Pour récompenser Joseph Pistone d'avoir réussi à s'infiltrer dans la famille Bonanno entre 1976 et 1981, le FBI lui accorda un bonus de cinq cents dollars. Un montant risible en comparaison des dangers énormes affrontés par l'agent, qui mit chaque jour sa vie en jeu sous les traits de Donnie Brasco, un prétendu voleur de bijoux. Grâce aux précieuses informations récoltées par Pistone, le gouvernement put inculper deux cents gangsters et envoyer la moitié d'entre eux en prison[100]. Enragés par cet affront, les boss de la mafia placèrent un contrat de cinq cent mille dollars sur sa tête[101].

———

En 1938, Benjamin Siegel se lança dans une incroyable chasse au trésor au Costa Rica. Quelques mois plus tôt, le gangster avait pu consulter une carte, grossièrement dessinée sur une nappe par un certain Bill Bowbeer. Celle-ci montrait l'emplacement d'un fabuleux butin estimé à quatre-vingt-dix millions de dollars, niché dans le sable de l'île Cocos[102]. Alléché par l'odeur de l'argent, il embarqua à bord d'une goélette à trois-mâts, le *Metha Nelson*, en compagnie de son amante, la comtesse Dorothy Di Frasso, et de vingt membres d'équipage[103]. Mais sa recherche ne fut hélas pas couronnée de succès. Après dix jours passés à s'échiner sous une pluie torrentielle, une chaleur étouffante et des nuées d'insectes, Siegel et ses comparses durent se résoudre à jeter l'éponge[104].

——

Gregory Scarpa Sr., lieutenant de la famille Colombo et informateur du FBI, s'assurait toujours d'avoir cinq mille dollars en cash sur lui au cas où il ait besoin de corrompre quelqu'un[105].

——

John Gotti vivait dans une maison modeste à Howard Beach, dans le Queens, et prétendait gagner seulement vingt-cinq mille dollars par an en tant que vendeur pour une société de matériel de plomberie[106]. Une déclaration de revenus cocasse lorsqu'on sait qu'il percevait entre cinq et treize millions de dollars par an[107].

———

Suivant peut-être une étrange prémonition, Arnold Rothstein contracta une assurance-vie de cinquante-mille dollars[108] (environ neuf cent mille dollars en 2025) deux jours avant sa mort, le 6 novembre 1928[109].

———

En 1949, Frank Costello fut nommé vice-président de la branche masculine de l'Armée du Salut. Il débuta son action en organisant un dîner de charité à cent dollars par personne au *Copacabana*, un club huppé de New York[110]. Le menu était composé de potage au poulet, d'un filet de bœuf aux haricots verts, et d'un cocktail de fruits frais. Mais peu à l'aise avec la présence d'un gangster à la tête d'une institution aussi respectable, la presse le critiqua avec vigueur et pointa également du doigt la provenance douteuse de certains dons récoltés pour les nécessiteux[111]. En difficulté, Costello décida de démissionner seulement un mois après sa prise de fonction[112].

———

Meyer Lansky ne jurait que par l'argent liquide, moins facilement traçable que les transferts bancaires. Il possédait cinq coffres dans des établissements de New York, Newark, Boston ou encore Hollywood et y effectuait tous ses dépôts en cash[113].

———

En 1992, la société de collecte de déchets Browning-Ferris Industries tenta de s'implanter à New York sans se soumettre au racket de la mafia, qui contrôlait alors le marché d'une main de fer. En réponse à cet affront, leur responsable des ventes découvrit un matin la tête décapitée d'un chien dans son jardin. Une note était glissée dans la gueule du pauvre animal: "Bienvenue à New York"[114].

———

Le 10 novembre 1986, le célèbre magazine *Fortune* consacra sa une et un dossier complet aux cinquante mafieux les plus importants de l'époque. À la question "comment se classent-ils en termes de richesse, puissance et influence?", le mensuel proposa le top trois suivant:

1- Anthony "Fat Tony" Salerno, boss de façade de la famille Genovese.

2- Anthony "Big Tuna" Accardo, boss de l'Outfit de Chicago.

3- Anthony "Tony Ducks" Corallo, boss de la famille Lucchese[115].

Hélas, Salerno n'eut pas l'occasion de profiter longtemps de sa première place. Deux mois plus tard, la justice le condamna à cent ans de prison pour son implication dans une organisation criminelle[116].

———

Le style de vie opulent de Paul Castellano tranchait radicalement avec celui de Carlo Gambino, son prédécesseur à la tête de la famille Gambino. Alors que Don Carlo se contentait d'une résidence discrète à Brooklyn, Castellano se fit quant à lui construire un fastueux manoir à trois millions et demi de dollars sur la plus haute colline de Staten Island. Surnommée la "Maison Blanche" par les mafiosi, la demeure offrait une vue imprenable sur l'Upper Bay de New York. Elle était toutefois si grande que la pression de l'eau diminuait fortement aux derniers étages[117]. Fort heureusement, la décoration intérieure faisait oublier ce léger tracas grâce au marbre de carrare, à la soie précieuse, et au mobilier rococo. Comble du chic, le jardin était même doté d'une piscine olympique[118].

———

Al Capone gagnait environ cent millions de dollars par an grâce aux six mille speakeasies qu'il contrôlait dans la région de Chicago. Afin de s'assurer que l'argent continue de couler à flots malgré la Prohibition en vigueur, "Scarface" n'hésitait pas à corrompre la police en lui versant près de cinq cent mille dollars par mois pour que ses agents restent dociles[119]. Un conseiller municipal admit même par la suite que Chicago était "la seule ville complètement corrompue d'Amérique"[120].

———

Dans les années soixante, un rapport du ministère de la Justice des États-Unis estima que la mafia générait des revenus compris entre sept et dix milliards de dollars par an (soit environ cent milliards de dollars en 2025). Cette somme faramineuse équivalait aux chiffres d'affaires combinés des dix plus importantes sociétés américaines de l'époque: General Motors, Standard Oil, U.S.Steel, Ford, General Electric, IBM, Mobile Oil, Texaco et Chrysler. Surpris par une écoute du FBI, Meyer Lansky confiera un jour à sa femme sa satisfaction d'une phrase sibylline: "nous sommes plus puissants que l'U.S. Steel"[121].

———

Surnommé "The Big Bankroll" ("Le Grand Fond"), Arnold Rothstein prêtait de l'argent à des taux exorbitants pouvant aller jusqu'à quarante-huit pour cent[122]. Parmi ses débiteurs, on comptait notamment des speakeasies[123] ou même le parti communiste russe[124]. Il lui arrivait toutefois d'être bon prince et de renoncer aux intérêts lui étant dus en échange d'une part des bénéfices, comme cela fût le cas lorsqu'il finança des réseaux transatlantiques de trafic d'alcool[125]. La fortune d'Arnold Rothstein fut estimée à plus d'un million et sept-cent-mille dollars du temps de sa splendeur. À sa mort, il ne lui restait pourtant plus qu'environ cinquante-six-mille dollars, et plus de quatre cent quatre-vingt-dix mille dollars de dettes[126].

———

Alors que Frank Costello était soumis à l'étroite surveillance médicale de l'hôpital Roosevelt après avoir échappé de justesse à une tentative d'assassinat[127], un policier profita de son état de faiblesse passager pour voler trois mille deux cents dollars dans son veston. Costello ne porta jamais plainte[128].

Si l'immobilier new-yorkais est aujourd'hui réputé pour ses prix exorbitants, la mafia n'y est pas totalement étrangère. Entre 1970 et le début des années quatre-vingt[129], toutes les entreprises du bâtiment obtenant des contrats supérieurs à deux millions de dollars devaient en effet reverser un pourcentage aux cinq familles pour pouvoir travailler en paix[130]. Le tarif du béton était également gonflé jusqu'à soixante-dix pour-cent par des fournisseurs liés à la pègre, faisant exploser les coûts des chantiers. Plusieurs immeubles très connus comme la *Trump Tower*, l'*IBM Building* ou le *Helmsley Palace Hotel* (désormais appelé *Lotte New York Palace Hotel*), firent ainsi partie des victimes de ce juteux racket[131].

JUSTICE

Frank Costello témoignant face au comité Kefauver en 1951

Frank Costello avait une énorme influence politique, au point de pouvoir faire élire des juges. Entre 1940 et 1945, la plupart des magistrats de New York reçurent ainsi l'approbation du puissant mafieux avant de pouvoir entrer en fonction. L'un des cas les plus emblématiques fut celui de Thomas Aurelio, alors candidat à la Cour Suprême de New York. En 1943, des écoutes téléphoniques démontrèrent en effet que Costello était parvenu à convaincre les responsables du parti démocrate de le soutenir sans réserve[132]. Une fois élu, Aurelio ne manqua pas d'assurer son bienfaiteur de sa "loyauté indéfectible"[133].

———

En août 1964, Gregory Scarpa Sr. aida le gouvernement américain à localiser les corps de trois défenseurs des droits civiques exécutés par le Ku Klux Klan. Leur disparition devint une affaire nationale et l'incapacité du FBI à retrouver les victimes amena les agents à faire appel aux services du mafieux, qui venait fraîchement d'être enrôlé comme informateur secret dans leurs rangs[134]. Scarpa parvint alors à kidnapper un membre du KKK, qui n'était autre que le maire d'une petite ville, et lui fit cracher le morceau en employant la manière forte. Il lui enfonça tout d'abord un pistolet chargé dans la bouche en menaçant de lui faire sauter la cervelle. Puis, il ouvrit la braguette de l'homme et s'approcha avec un rasoir en prévenant qu'il allait l'émasculer. Terrifié, le maire ne tarda pas à révéler l'emplacement où les trois malheureux militants étaient enterrés[135].

———

James Capone, le frère aîné d'Al Capone, était policier. Après avoir servi dans l'armée américaine durant la Première Guerre mondiale, il participa à plusieurs opérations contre les trafiquants d'alcool une fois de retour au pays. Pour éviter les ennuis, il changea toutefois son nom pour Richard James Hart, en hommage à sa star de cinéma préférée, William Hart. En 1926, il donna un nouveau virage à sa carrière en devenant agent spécial du bureau des affaires indiennes dans le Dakota du Sud. Fervent défenseur de la loi, il y fut crédité de l'arrestation d'au moins vingt assassins[136].

———

George Cassiday vendit de l'alcool de contrebande pendant dix ans aux membres du Congrès alors que ceux-ci avaient voté la Prohibition. Connu sous le nom de "l'homme au chapeau vert", il fut finalement arrêté pour ses méfaits en 1930. Mais désireux de capitaliser sur son étonnante expérience, il écrivit alors une série d'articles explosifs pour le *Washington Post*, dans lesquels il expliqua que quatre sénateurs sur cinq consommaient régulièrement de l'alcool[137].

———

La CIA tenta d'utiliser la mafia pour assassiner le président de Cuba, Fidel Castro. Le révolutionnaire venait alors de renverser Fulgencio Batista, qui avait su s'attirer les bonnes grâces des États-Unis. Des archives publiées par l'agence d'espionnage en 2007 montrent en effet que des émissaires de haut niveau rencontrèrent John "Handsome Johnny" Roselli, un gangster de Chicago, dans un hôtel de New York le 14 septembre 1960 pour évoquer le sujet. La CIA savait que les casinos et les hôtels détenus par la mafia à La Havane périclitaient en raison de la fuite des touristes et que les intérêts des deux camps convergeaient. Cent cinquante mille dollars furent donc offerts à la pègre pour la tête du "Lider Maximo". Sam Giancana, boss de l'Outfit de Chicago, se joignit au projet et proposa d'empoisonner sa nourriture plutôt que de recourir aux armes à feu. Mais l'assassin qu'il désigna, un officiel cubain nommé Juan Orta, jeta l'éponge après plusieurs tentatives manquées[138]. L'opération prit fin en 1961, avec l'invasion de la baie des Cochons[139].

———

Après avoir prouvé sa valeur en rapportant beaucoup d'argent à une famille pendant des années ou bien en commettant un meurtre en sa faveur[140], un homme d'origine italienne peut aspirer à rejoindre ses rangs[141]. Ce long processus, validé par la recommandation d'un mafieux accompli et l'approbation du boss[142], se formalise au cours d'une cérémonie très codifiée. Entouré par ses futurs collègues, le candidat doit tout d'abord prétendre ignorer la raison de sa convocation à cette réunion secrète. Puis, après avoir accepté de tuer quelqu'un sur commande, son index est entaillé, faisant ainsi couler son sang sur un bout de papier[143] ou l'image d'un saint[144]. L'objet souillé est ensuite enflammé sous l'incantation ancestrale de Cosa Nostra: "on vit par le fusil et le couteau, et on meurt par le fusil et le couteau. Et si je trahis quelqu'un dans cette salle, ou l'un de nos amis, puisse mon âme brûler en enfer comme ce papier". Une fois ces sinistres paroles prononcées, le futur soldat reçoit un baiser sur chaque joue par le maître de cérémonie et est officiellement introduit comme membre à part entière de la famille à toutes les personnes présentes dans la pièce. Enfin, les participants forment un cercle en se tenant par les mains, et écoutent le boss rappeler les règles capitales de l'organisation, la plus importante étant que "cette famille passe avant votre propre famille"[145].

———

Israël refusa de laisser Meyer Lansky s'installer sur son sol malgré la *Loi du Retour*. Ce texte de 1950 autorise toute personne juive à immigrer et à recevoir un certificat pour vivre et travailler dans le pays[146]. Lansky, qui tentait de fuir les États-Unis afin d'éviter un procès pour fraude fiscale[147], y vit une formidable opportunité. Mais malgré ses actions antinazies et ses collectes de fonds pour Israël[148], la justice rejeta sa demande de visa, en vertu du paragraphe 2(b)(3) de la *Loi du Retour*[149], qui exclut du dispositif les individus ayant un passé criminel[150].

————

Les auditions de mafieux conduites par la Commission spéciale du Sénat des États-Unis chargée d'enquêter sur la criminalité dans le commerce interétatique, plus communément connue sous le nom de "Commission Kefauver", réunirent plus de trente millions d'Américains derrière leurs téléviseurs en mars 1951[151]. Une audience record, plus élevée qu'une saison de la sitcom à succès *Big Bang Theory*[152]. Plus de six cents témoins, dont Frank Costello en personne, furent amenés à comparaitre dans quatorze villes du pays[153].

————

À force de remporter ses procès, John Gotti fut surnommé le "Teflon Don" ("Don d'Acier") par la presse[154]. Mais derrière ces acquittements, la réalité était plutôt sombre. Romual Piecyk, un mécanicien en réfrigération qui s'était fait tabasser et voler par Gotti après avoir osé lui demander de déplacer sa voiture[155], subi ainsi de nombreuses intimidations pour le réduire au silence. Appels téléphoniques anonymes, sabotage des freins de sa camionnette et filatures menaçantes suffirent à lui faire comprendre le message: Piecyk s'enfuit de la ville[156], et innocenta Gotti[157] après avoir été ramené de force dans la salle de procès par la police[158]. George Pape, l'un des douze jurés lors du procès contre Gotti en 1987[159], reçut également soixante mille dollars pour éviter au boss de la famille Gambino d'aller en prison[160].

———

Georges Remus, avocat pénaliste[161] et pharmacien de Chicago[162], devient l'un des plus importants trafiquants d'alcool des États-Unis en tirant avantage d'une faille légale. Après avoir attentivement étudié le *Volstead Act*, la loi qui instaura la Prohibition de 1920 à 1933, il se rendit compte que la production et la vente de whisky médicinal étaient étrangement autorisées sous licence gouvernementale[163]. Très vite, il acheta sa première distillerie et en profita pour détourner illégalement la précieuse boisson sur le marché noir[164]. Remus

fournissait plusieurs grands noms du crime organisé comme Johnny Torrio, Al Capone ou Arnold
Rothstein, et tirait une vraie fierté de ne pas couper ses produits avec de l'eau[165]. Ses gains furent
estimés à près de vingt millions de dollars[166].
Cette étonnante souplesse juridique fit par ailleurs
le bonheur de Winston Churchill, qui possédait un
certificat médical l'autorisant à boire de l'alcool
aux États-Unis durant la Prohibition. Alors qu'il
voyageait à New York pour y donner une série de
conférences en décembre 1931, le futur premier
ministre du Royaume-Uni se fit en effet renverser
par une voiture sur la cinquième Avenue. Il s'en
tira avec un nez fracturé, quelques côtes cassées et
une infection pulmonaire. Après une brève conva-
lescence aux Bahamas, Churchill revint à New
York muni de son précieux certificat, dans lequel
le docteur Pickhardt lui recommandait explicite-
ment de boire au moins vingt-cinq centilitres d'alcool par jour[167].

———

Frank Gusenberg, membre du gang de Bugs Moran, respecta jusqu'à son dernier souffle la loi de
l'omerta. Le 14 février 1929, Gusenberg et quatre

autres gangsters se trouvaient dans un entrepôt de North Clark Street pour inspecter une cargaison de whisky, sans se douter qu'ils vivaient alors leurs derniers instants[168]. Envoyée par Al Capone, une équipe de tueurs déguisés en policiers vint à leur rencontre et les assassinèrent froidement à coups de Thompson M1921. Lorsque les véritables forces de l'ordre arrivèrent sur place pour constater le massacre, seuls deux mafieux du gang de Moran respiraient encore. L'un d'eux était Frank Gusenberg. Farouchement opposé à toute collaboration avec l'ennemi, il nia que quiconque lui avait tiré dessus. Le lendemain, la presse s'empara de l'affaire, désormais connue sous le nom "Massacre de la Saint-Valentin"[169].

———

Anthony "Big Tuna" Accardo, boss de l'Oufit de Chicago[170], utilisa le cinquième amendement de la constitution américaine cent soixante-douze fois à la suite face au comité contre le racket du Sénat en 1958. Le cinquième amendement permet à un accusé de garder le silence s'il estime qu'une question est susceptible de l'incriminer[171]. Lorsqu'on lui demanda s'il avait du respect pour le gouvernement, Accardo resta ainsi parfaitement muet[172].

————

J. Edgar Hoover, fondateur et directeur mythique du FBI de 1935 à 1972, freina étrangement la lutte contre la mafia jusqu'aux années cinquante. Il refusa de protéger des témoins, évita d'ouvrir des enquêtes sur le sujet et tenta même d'empêcher la création de la commission spéciale du Sénat sur le crime organisé en 1951[173]. Cette attitude paradoxale venant d'un tel représentant de la loi pouvait s'expliquer par plusieurs chantages auxquels le soumettaient certains mafieux. Tout d'abord, Hoover, qui était complètement accroc aux paris équestres[174], recevait régulièrement des tuyaux sur les courses trafiquées par la pègre via un intermédiaire de confiance. Frank Costello dira ainsi plus tard à son avocat qu'Hoover "ne saura jamais combien de courses [il avait] du truquer pour de malheureux paris de dix dollars"[175]. Meyer Lansky se serait quant à lui assuré de sa docilité grâce à des photographies montrant le très puritain[176] directeur du FBI en plein ébat homosexuel avec son amant Clyde Tolson[177]. Le gangster se vantait d'ailleurs ouvertement en privé d'avoir Hoover dans sa poche[178].

———

La *Loi sur les Organisations Influencées par le Racket et la Corruption* ("Racketeer Influenced and Corrupt Organization Act") est fortement suspectée d'avoir été nommée ainsi pour que son acronyme "RICO" rende hommage au personnage mafieux de Rico dans le film *Little Caesar*. Sorti en 1931, ce long-métrage culte raconte l'histoire d'un gangster frayant son chemin jusqu'au sommet du crime organisé à Chicago. G. Robert Blakey, l'un des auteurs majeurs du texte, refusa toujours de confirmer ou d'infirmer l'existence d'un clin d'œil cinématographique dans le titre[179]. Grâce à cette nouvelle disposition légale signée par Richard Nixon en 1970[180], la justice put enfin poursuivre les boss de familles mafieuses en démontrant leur implication dans les activités criminelles commises par leurs subordonnés[181].

———

Al Capone ne fut condamné ni pour l'un des deux cents meurtres dans lesquels il fut soupçonné d'être impliqué[182], ni pour des actes d'extorsions, ni pour ses business clandestins, mais pour… fraude fiscale. Quelques années plus tôt, la Cour Suprême des États-Unis avait en effet légiféré pour assujettir les revenus illicites aux taxes en vigueur[183]. En conséquence, Capone ne pouvait pas régulariser sa situation fiscale sans admettre ses activités illégales. Le rapport d'accusation à son encontre faisait trois mille six cent quatre-vingts pages. Après huit heures et dix minutes de délibération, le jury le déclara coupable[184] et l'envoya en prison pour onze longues années[185].

———

Après avoir gagné son procès en 1987, John Gotti fut aperçu en train de naviguer près des côtes floridiennes à bord d'un bateau "cigarette", sur lequel était écrite en grand l'inscription "Not Guilty" ("Pas Coupable")[186].

———

Lorsqu'il était encore avocat pénaliste, Georges Remus n'hésitait pas à utiliser des stratagèmes étonnants pour défendre ses clients. Lors du procès d'un homme accusé d'avoir empoisonné sa femme, il but par exemple l'intégralité de la bouteille contenant le liquide létal face aux jurés. Sa démonstration visait à prouver que la supposée arme du crime n'avait en réalité rien d'inquiétant et que le mari était donc innocent. Persuadée de voir Remus s'effondrer après une telle bravade, l'audience fut choquée de l'entendre continuer sa plaidoirie sans montrer le moindre signe d'évanouissement. Mais ceux-ci ignoraient que Remus avait bien préparé son coup. Grâce à sa formation de pharmacologiste, l'avocat véreux s'était en effet injecté un antidote avant d'effectuer son astucieux numéro. Quinze minutes plus tard, l'accusé quittait la salle lavé de tout soupçon[187].

———

L'infiltration de l'agent du FBI Joseph Pistone dans la mafia fut si réussie que les forces de l'ordre, qui ignoraient tout de sa mission, le considérèrent comme un authentique gangster. Pistone, sous son alias Donnie Brasco, se fit ainsi suivre en voiture, contrôler[188], et même photographier par ses propres collègues de travail. Il arriva d'ailleurs que certains agents viennent présenter des clichés de sa personne à d'autres mafieux pour obtenir des renseignements à son sujet[189].

INSOLITE

Joe Profaci en 1959

Meyer Lansky possédait une intelligence remarquable, au point qu'un agent du FBI avoua avec admiration qu'il "aurait été élu président du conseil d'administration de General Motors s'il s'était lancé dans les affaires légales"[190]. Grand amateur de calcul mental, le gangster était également membre du club du livre du mois à la bibliothèque[191]. Il appréciait particulièrement les ouvrages historiques et les biographies, et se mit même à la philosophie sur ses vieux jours. Son intérêt pour les textes savants n'était toutefois pas toujours au goût de son entourage. Après que Lansky lui ait offert un recueil d'économie, l'avocat Joseph Varon dut ainsi admettre qu'il "avait calé à la deuxième page" et qu'il "n'en comprenait pas un traitre mot"[192]. Lansky possédait en outre une mémoire extraordinaire, au point de pouvoir citer de tête *Le Marchand de Venise* de Shakespeare[193].

────

Bien qu'il ait dirigé l'une des cinq familles mafieuses de New York pendant près de trois décennies, Joe Profaci était paradoxalement un catholique dévoué. Son imposant manoir de trente pièces, qui appartint jadis à Theodore Roosevelt, renfermait même une chapelle. L'autel qui s'y trouvait était d'ailleurs une réplique exacte de celui de la basilique Saint-Pierre de Rome. Le mafieux était également un fier membre des "Knights of Columbus" ("Chevaliers de Colomb"), une association caritative chrétienne. Hélas, le naturel reprenait parfois rapidement le dessus sur son apparente piété. Un jour, Profaci entra dans une rage folle en apprenant qu'un toxicomane avait osé voler les bijoux d'une statue de la Vierge Marie dans l'église de sa paroisse. Décidé à punir l'odieux pécheur, il le fit kidnapper et torturer à mort pendant des heures[194].

———

Frank Costello se rendait régulièrement au zoo de Central Park pour observer les singes. Un jour, peut-être irrité d'être scruté avec tant d'attention, l'un d'eux lui cracha à la figure. Étonnamment, le gangster tout-puissant se prit d'affection pour le petit primate, au point de s'enquérir de sa santé auprès des gardiens dès qu'il notait son absence dans la cage[195].

Bien qu'il fût l'un des plus grands trafiquants d'alcool durant la prohibition, Arnold Rothstein ne buvait pas. Son breuvage préféré était le lait, qu'il consommait abondamment[196]. Rothstein s'inquiétait d'ailleurs beaucoup de sa santé, en particulier de sa digestion. En plus de sa sobriété, il ne fumait pas et mangeait des figues en quantité industrielle[197].

———

Carmine Galante, boss officieux de la famille Bonanno, était rarement vu sans un cigare à la bouche. Son surnom était d'ailleurs "Le Cigare" ou "Lilo" (un terme sicilien pour "cigare")[198].

———

Rocco Fischetti, cousin d'Al Capone et mafieux de Chicago[199], aimait jouer au petit train dans sa maison. Il avait conçu et construit de ses propres mains un superbe plateau de modélisme, où des locomotives miniatures circulaient dans des paysages champêtres, faits de villages, de montagnes et de mines de charbon. Sa réalisation lui avait coûté plusieurs milliers de dollars, et son perfectionnisme l'avait poussé jusqu'à ajouter des figurines animées de travailleurs du rail[200]. Il prenait un grand plaisir à revêtir une casquette d'ingénieur et à montrer son œuvre à ses amis de la mafia et à leurs enfants[201].

———

Benjamin "Lefty" Ruggiero, mafieux de la famille Bonanno, possédait un bébé lion comme animal de compagnie. Bien qu'il ne lui donna jamais de prénom, Ruggerio l'appréciait beaucoup et l'emmenait même en balade dans sa voiture. Mais lorsque les griffes du fauve se mirent à déchirer ses sièges en cuir, le gangster dut se résoudre à le faire garder dans un club de la pègre[202]. Finalement, le lion grandit tellement qu'il fût déplacé dans un entrepôt. Hélas, face aux dégâts occasionnés et aux frais de nourriture atteignant deux-cents dollars par jour, Ruggiero décida de l'abandonner en l'attachant au banc d'un parc public. Le lendemain matin, l'ASCPA (une association de protection animale américaine) le récupéra, et le

New York Post informa ses lecteurs que "le roi de la jungle avait été trouvé dans le Queens"[203].

———

Al Capone se déplaçait à bord d'une Cadillac Sedan blindée[204]. Après sa condamnation en 1931[205], le véhicule fut saisi par l'IRS (le fisc américain) et utilisé pour transporter le président Franklin D. Roosevelt entre 1941 et 1942[206].

———

De nombreux boss ayant marqué l'histoire de la mafia sont enterrés à seulement quelques mètres les uns des autres au cimetière St John de New York. Ce lieu catholique du dix-neuvième siècle abrite en effet les sépultures de Carlo Gambino, Joe Profaci, Carmine Galante, Joe Colombo, Lucky Luciano ou encore Vito Genovese[207].

———

Alphonse "Little Al" D'Arco, boss intérimaire de la famille Lucchese et premier dirigeant mafieux à témoigner pour le gouvernement américain, démarra sa carrière comme soldat de l'US Air Force en Alaska. Son job fût de surveiller une piste d'aviation pendant douze mois[208]. Suite à ses excellents états de service, on lui proposa alors de passer le concours de l'école des officiers. Mais son score fut si bon qu'on le soupçonna d'avoir triché. D'Arco dut donc repasser l'examen une seconde fois et obtint une note encore plus élevée. Hélas, il déclina finalement l'opportunité et repartit à New York, où sa carrière prit une tournure moins honorable[209].

———

John Gotti avait la phobie de l'avion. Lorsqu'il partit en vacances à Fort Lauderdale, en Floride, après avoir remporté son procès de 1987[210], il préféra descendre toute la côte Est américaine en train plutôt que de passer quelques heures dans le ciel[211]. Quelques années plus tard, il fut néanmoins obligé de monter à bord d'un vol charter spécialement affrété pour lui afin d'aller purger une peine de prison à vie au pénitencier fédéral de Marion, en Illinois[212].

———

Benjamin Siegel détestait son surnom "Bugsy". Seul l'acteur George Raft avait le droit de l'appeler ainsi. Mais préférant éviter tout conflit, Raft le surnommait affectueusement "Baby Blue Eyes" ("Bébé Aux Yeux Bleus"), un sobriquet qui convenait bien mieux au gangster[213]. Même les journalistes faisaient attention à leurs propos. Lorsque Siegel acheta de l'espace publicitaire pour faire la promotion de son casino *Flamingo* dans le magazine *Las Vegas Life*, une note fut affichée dans la salle de rédaction: "À partir de ce jour, M. Siegel du Flamingo ne sera plus jamais appelé 'Bugsy'. Écrivez Ben ou Benjamin"[214].

———

Frank Costello entretenait méticuleusement ses arbres fruitiers et ses rosiers. Fier de ses talents de jardinier, il exposait parfois ses roses aux foires horticoles. Il gagna même plusieurs récompenses, ce qui lui procurait une grande satisfaction[215].

———

Frankie Yale, l'un des premiers employeurs d'Al Capone dans le monde du crime[216], eut le droit à un enterrement de première classe au Holy Cross Cemetery de New York. Le cortège funèbre était composé de dix mille personnes, accompagnées de trente-huit voitures remplies à craquer de fleurs et de deux cent cinquante véhicules pour escorter le corps du mafieux jusqu'à sa dernière demeure[217]. Autour de la tombe, cent-douze hommes tenant une rose à la main observaient les fossoyeurs recouvrir de terre son cercueil en argent à quinze mille dollars[218].

———

Al Capone fréquenta la même école que Lucky Luciano: la *Public School 7* à Brooklyn. Les deux hommes eurent également affaire à la même maitresse, Sadie Mulvaney[219]. Bien que Capone put s'enorgueillir d'une moyenne honorable de B (environ 12/20), jusqu'en classe de sixième, il finit hélas par redoubler à cause de lacunes en grammaire et en arithmétique. Réprimandé par un professeur en raison de son absentéisme grandissant, il lui asséna un coup de poing et fut immédiatement renvoyé de l'établissement à seulement quatorze ans[220].

L'Archidiocèse catholique romain de New York refusa de donner une messe funéraire en hommage à Carmine Galante en raison du scandale qu'un tel événement aurait provoqué. Albert Anastasia essuya le même refus lors de son décès en 1957, et fut pour sa part inhumé dans une terre non consacrée. Pourtant, d'autres mafieux notoires comme Dutch Schulz ou Joe Gallo eurent eu le droit à des obsèques en bonne et due forme[221].

———

Dominick "Sonny Black" Napolitano, lieutenant de la famille Bonanno, était passionné par les pigeons. Il en possédait quatre-vingt-quinze, et leur parlait de manière affectueuse quand il leur rendait visite sur le toit de son appartement. Chaque volatile bénéficiait d'une nourriture de qualité et était même affublé d'un prénom[222]. Hélas, lorsque les boss des cinq familles new-yorkaises apprirent qu'il avait ouvert les portes de leur monde à l'agent infiltré du FBI Joseph D. Pistone, plus connu sous son pseudonyme de Donnie Brasco, Napolitano fut violemment exécuté. Ses mains furent tranchées et son corps ne fut retrouvé que trois mois plus tard dans les marais de Staten Island. Celui-ci était si décomposé que la morgue mit plusieurs semaines à formellement l'identifier. Pressentant son assassinat imminent, le gangster avait toutefois pris soin de confier les clefs de son appartement au barman du *Motion Lounge*, un club mafieux situé en bas de chez lui, pour qu'il puisse s'occuper de ses précieux animaux de compagnie. Une semaine après sa disparition, le pigeonnier fut démonté. L'agent Pistone comprit alors que Napolitano était mort[223].

———

Malgré les nombreux crimes qu'il commit en dirigeant la famille Bonanno, Joseph Bonanno estima à la fin de sa vie que son plus grand regret était de n'avoir jamais parfaitement maitrisé l'anglais[224].

———

Avant de devenir l'un des plus importants patrons de la pègre américaine, Al Capone exerça plusieurs petits jobs étonnants comme vendeur dans une confiserie, installateur de flippers dans un bowling ou encore coupeur de papier dans un atelier de reliure[225].

———

Dean O'Bannion, chef du gang rival de Johnny Torrio et d'Al Capone, gérait ses trafics depuis son magasin de fleurs, le *Schofield's Flowers*, à Chicago. Malgré ses activités criminelles (braquages, vols, contrebande et meurtres), O'Bannion adorait les bouquets et l'église, où il servit d'ailleurs comme enfant de chœur. Ses talents de fleuriste en firent le fournisseur attitré des funérailles de mafieux[226]. Il fut assassiné dans son magasin dans la matinée du 10 novembre 1924, alors qu'il taillait des chrysanthèmes[227].

———

Arnold Rothstein haïssait profondément son grand frère Harry. Alors âgé de trois ans, le petit Arnold fut surpris par son père en train de contempler froidement Harry durant son sommeil, un couteau dans la main. Nul ne sait ce qu'il serait advenu sans l'apparition providentielle du chef de famille. Ironie du sort, Rothstein fut enterré juste à côté de son frère honni, au Union Field Cemetery de New York[228].

———

Bien qu'il fût l'un des boss les plus puissants de la pègre, Frank Costello refusait d'embaucher un chauffeur pour se rendre à ses nombreuses réunions, préférant utiliser ses jambes ou un taxi, comme n'importe quel quidam de New York. Téméraire, il ne disposait d'ailleurs d'aucun garde du corps[229].

———

L'université de Chicago possède l'*Argos Lectionary*, une compilation de cent quarante-cinq parchemins bibliques extrêmement rares datant du neuvième ou dixième siècle[230]. Ce trésor historique fut acheté en 1930 au propriétaire de l'ancien restaurant de Big Jim Colissimo. Selon le vendeur, le livre aurait été utilisé pour faire prêter serment aux nouveaux membres de l'Outfit de Chicago[231].

———

L'as de pique est considéré comme une carte porte-malheur par les mafiosi. L'origine de cette superstition remonte à l'assassinat de Joe "The Boss" Masseria par Lucky Luciano le 15 avril 1931[232]. Après avoir joué aux cartes avec son patron dans un restaurant de Coney Island, Luciano s'éclipsa aux toilettes[233] et laissa quatre tueurs l'exécuter de plusieurs balles dans la tête, le dos et la poitrine[234]. Masseria, étendu au sol, tenait un as de pique dans la main droite[235].

———

Frank Costello appréciait particulièrement le critique de Broadway Mark Hellinger, car celui-ci insistait pour payer ses places de spectacle lui-même, au contraire de ses confrères qui se faisaient inviter gratuitement. Mais son admiration pouvait parfois prendre une tournure assez démesurée. Lorsqu'il apprit qu'Hellinger s'était cassé une jambe en tombant d'un bateau, Costello envoya en effet tant de fleurs dans sa chambre d'hôpital, que le journaliste finit par s'en plaindre[236].

———

Le sinistre *Ravenite Club*, qui servit de lieu de rencontre à de nombreux mafiosi pour discuter de leurs affaires criminelles[237], est devenu un magasin de vêtements dans les années 2000. Rendant peut-être hommage aux gangsters ayant autrefois occupé la bâtisse du 247 Mulberry Street à New York, l'établissement a pour nom *Descendant of Thieves* ("Descendants de Voleurs")[238]. Il faut dire que Lucky Luciano y avait ses habitudes[239], et que John Gotti en personne en avait fait le quartier général de la famille Gambino[240]. Après l'arrestation de Gotti en 1991, le *Ravenite* fut saisi quelques années plus tard par le gouvernement puis vendu aux enchères pour un peu plus d'un million de dollars à un fonds d'investissement[241].

SANTÉ

Tommy Lucchese en 1958, Associated Press

Pour éviter la prison, Vincent "The Chin" Gigante se fît passer pour fou. Il déambulait en pyjama dans son quartier de Greenwich Village, urinait dans la rue et parlait tout seul dans un charabia incompréhensible. Le boss de la famille Genovese était si convaincant dans son rôle qu'il toucha même neuf-cents dollars d'aides gouvernementales par mois en raison de son prétendu handicap[242]. Sa petite combine fonctionna de 1990 à 1997, date à laquelle la justice finit par démontrer sa parfaite santé mentale grâce au témoignage d'un mafieux repenti[243]. Gigante fut finalement condamné à douze ans d'incarcération et à une amende d'un million deux cent cinquante mille dollars[244].

———

Peter "Fat Pete" Chiodo, lieutenant de la famille Lucchese, survécut miraculeusement à une tentative d'assassinat grâce à sa forte corpulence. Suspecté d'être une balance par son chef Anthony "Gaspipe" Casso[245], il se fit surprendre à une station-service de Staten Island par les tirs d'une équipe de tueurs envoyée à ses trousses[246]. Mais les douze balles qui lui transpercèrent la peau ne purent atteindre ses organes vitaux[247], bien protégés par ses cent quatre-vingt-un kilos[248]. Après un long séjour aux soins intensifs[249], Chiodo se vengea en acceptant de coopérer avec le gouvernement, devenant ainsi le premier mafieux de la famille Lucchese à publiquement rompre l'omerta[250].

———

Frank Costello se fit ôter des polypes sur ses cordes vocales durant sa jeunesse. Malheureusement, l'opération se déroula mal et sa voix en fut à jamais affectée, évoluant vers un ton rauque très caractéristique. "Un médecin voulait les couper, un autre conseillait de les brûler. Je n'ai pas choisi le bon médecin", remarqua-t-il avec une certaine philosophie[251]. Son nouveau timbre vocal fit toutefois le bonheur de l'acteur Marlon Brando, qui s'en inspira fortement pour interpréter le rôle mythique de Vito Corleone dans le film *Le Parrain*. Brando se procura en effet des enregistrements de l'audition de Costello devant la commission Kefauver, qui menait une enquête sur le crime organisé aux États-Unis, pour parfaire son entraînement, portant ainsi la voix écorchée du mafieux à la postérité[252].

———

Anna Citron, la femme de Meyer Lansky, souffrait de démence. Afin de calmer ses nombreux symptômes, que les médecins associaient à la schizophrénie, celle-ci dut s'astreindre à plusieurs séances d'électrochocs[253]. Hélas, le traitement ne suffit pas à améliorer sa condition. Agacé par les factures médicales et à court d'affection pour son épouse[254], Lansky divorça le 14 février 1947, le jour de la Saint-Valentin. Survivant tant bien que mal avec sa maigre pension, Anna sombra peu à peu, au point de ne plus reconnaitre ses propres enfants. Elle finit par errer parmi les drogués dans le quartier de l'Upper West Side[255].

———

À seulement trente-trois ans, Al Capone était atteint de syphilis, de chaude-pisse[256] et avait la cloison nasale perforée à cause de ses excès de cocaïne[257]. Durant sa peine à Alcatraz, sa santé mentale se détériora progressivement, au point qu'il se livra à une bataille d'excréments avec le détenu d'une cellule voisine[258]. Dans ses dernières années, alors qu'il vivait cloitré dans sa villa de Miami, Capone n'avait plus que le niveau intellectuel d'un enfant de six ans[259].

——

Mickey Cohen, mafieux de Los Angeles, avait la phobie des germes. Il se lavait les mains de manière compulsive et s'abstenait de toucher la moindre surface, sauf si celle-ci était recouverte d'un tissu. Après ses douches, qu'il prenait plusieurs fois par jour, il s'assurait de placer des serviettes propres sur le sol pour éviter de poser ses pieds par terre. Sa femme de ménage purifiait ensuite toute la salle de bain à l'alcool. Cohen changeait également de vêtements à maintes reprises durant la journée et pouvait mettre jusqu'à trois heures pour se préparer[260].

——

Tommy Lucchese, boss de la famille Lucchese, perdit l'index de sa main droite lors d'un accident survenu dans un atelier de mécanique. Après s'être fait arrêter pour vol de voiture quelques années plus tard, il fut surnommé "Three-Finger Brown" ("Brown les Trois Doigts") par le policier chargé de prendre ses empreintes. Celui-ci était en effet un fan du joueur de baseball Mordecai Brown[261], qui fit les beaux jours des Chicago Cubs malgré une main amputée de deux doigts[262]. Le surnom resta, au grand dam de Lucchese, qui ne supportait pas qu'on l'appelle ainsi[263].

Malgré la puissance et la richesse qu'elle apportait, la position de boss d'une famille criminelle pouvait être particulièrement stressante. Parmi les nombreux dirigeants mafieux qui connurent de graves soucis de santé, citons notamment Stefano Magaddino, maître de Buffalo, qui souffrit d'une attaque cardiaque, Tommy Lucchese, qui succomba à une hémorragie cérébrale[264], ou encore Carlo Gambino, qui subit quant à lui un infarctus peu avant son procès en 1967[265]. Joseph Bonanno, qui vécut pour sa part une troisième crise cardiaque en 1968[266], décrivit parfaitement la pression qui régnait alors dans les hautes sphères de la mafia: "Il m'est souvent arrivé de rencontrer des gens qui souhaitaient être à ma place, avoir mon pouvoir, mon influence, ma fortune. Ceux qui m'envient ainsi ne savent pas de quoi ils parlent. Ils ignorent quelles contraintes, quelle anxiété, quelles pressions m'ont été imposées tout au long de ma vie. Aucun de ceux qui voudraient être Joe Bonanno ne pense un seul instant, lorsqu'il formule ce vœu, qu'il aurait à accepter pour cela de vivre avec la tension artérielle de Joe Bonanno"[267].

————

Gregory Scarpa Sr. mourut du sida suite à une transfusion sanguine contaminée. Souffrant d'un ulcère à l'estomac qui empirait à cause d'une forte consommation d'aspirines pour calmer son mal de dos[268], Scarpa vit son état de santé se dégrader brusquement en août 1986. Admis à l'hôpital Victory Memorial, il refusa de recevoir le sang de donneurs inconnus et opta pour celui de ses amis mafieux[269]. Mais leur hémoglobine n'était pas testée… Paul Mele, un associé amateur de stéroïdes et de bodybuilding, lui donna ainsi le baiser de la mort[270]. Scarpa poursuivit l'hôpital en justice et obtint trois cent mille dollars de dédommagement en 1992[271].

———

Sam Giancana fit soigner la dépression de sa fille, qui sombrait peu à peu dans l'alcool et l'abus de somnifères[272], par des séances d'électrochocs[273]. Après six mois de traitement à l'hôpital, il l'emmena à Hawaï, au Mexique ou encore aux îles Caraïbes pour l'aider à finir de se remettre sur pieds[274].

———

En 1931, un rapport psychiatrique de la prison de Sing-Sing estima le quotient intellectuel de Carmine Galante à quatre-vingt-dix. Les experts soulignèrent par ailleurs que le futur boss de la famille Bonanno avait l'âge mental d'un enfant de quatorze ans, était de nature timide, ne connaissait rien à l'actualité et avait une personnalité psychopathique[275]. Toutefois, ces conclusions peu reluisantes n'empêchèrent pas Galante de parler quatre langues couramment[276] et de diriger avec succès l'une des plus importantes organisations criminelles des États-Unis. Toute la question est donc de savoir qui prenait qui pour un idiot.

Frank Costello consulta un psychanalyste entre 1947 et 1949 pour guérir une dépression naissante. Le gangster souffrait en effet de ne pas pouvoir quitter la mafia pour définitivement rejoindre le monde feutré de la politique, dans lequel il se mouvait avec plaisir et aisance[277].

———

Joey Massino, boss de la famille Bonanno, possédait une mémoire remarquable. Il pouvait par exemple décrire avec une précision étonnante tous les agents du FBI chargés de le surveiller et même réciter de tête les plaques d'immatriculation de leurs véhicules[278].

———

Bernard "Buddy" Lansky, le fils aîné de Meyer Lansky, souffrait de paralysie cérébrale. D'abord embarrassé par la situation, le gangster réagit en fuyant le domicile familial, mais finit par revenir avec la ferme intention de lui offrir les meilleurs soins possibles. Il se mit alors à lire tous les ouvrages disponibles sur le sujet à la bibliothèque[279], voyagea aux quatre coins du pays pour consulter des spécialistes et fit même venir un chirurgien autrichien jusqu'à New York[280]. Grâce à des traitements éprouvants, qui lui imposaient notamment de rester attaché durant des heures à une planche en portant des orthèses[281], Bernard put mener une vie relativement normale. Hélas, après la mort de son père, il finit son existence dans un horrible asile pour indigents[282], oublié de tous, y compris de ses propres frères et sœurs[283].

À L'OMBRE

John Gotti photographié par le FBI en 1990

Lorsque l'administration de la prison de Dannemora demanda à Luciano de travailler à la laverie, certains détenus admiratifs lui proposèrent spontanément de le remplacer. Ces serviteurs dévoués n'hésitaient également pas à nettoyer sa cellule et à s'occuper de toutes ses corvées. Luciano bénéficiait par ailleurs d'un valet, Little Davie Betillo, qui lui préparait ses plats favoris dans une cuisine privée mise à sa disposition par la direction du pénitencier[284]. Durant son temps libre, le gangster aimait jouer aux cartes et regarder les matchs de baseball[285]. Mais peu après son transfert à la prison de Great Meadow en 1942[286], la gravité de la Seconde Guerre mondiale changea quelque peu l'atmosphère. Désireux de pouvoir suivre les événements, Luciano accrocha une grande carte d'Europe sur un mur de sa cellule. Il y inscrivait consciencieusement les progrès des forces alliées et faisait notamment part de son admiration pour le général Patton[287].

———

La mère d'Al Capone fût interdite de lui rendre visite à Alcatraz après avoir fait sonner le détecteur de métaux à cause de son corset. Cette décision de l'administration pénitentiaire irrita profondément le boss de l'Outfit, qui déchira son bleu de travail en petits morceaux pour passer sa colère[288].

———

James "Whitey" Bulger, boss de la mafia à Boston, collabora sans le savoir au projet MKUltra lors de son séjour au pénitencier d'Atlanta[289]. MKUltra était un programme secret mené par la CIA visant à contrôler le comportement humain par des biais chimiques et biologiques[290]. Attiré par la promesse d'une remise de peine en échange de sa participation à un prétendu test de traitement contre la schizophrénie, Bulger subit des injections répétées de LSD durant dix-huit mois. Les conséquences sur sa santé mentale furent délétères. Le mafieux souffrit en effet par la suite d'hallucinations fréquentes et éprouvait les pires difficultés à dormir[291]. Parmi les dix-sept autres détenus qui s'enrôlèrent dans l'étude médicale, beaucoup finirent fous à lier ou se suicidèrent[292].

———

John Gotti dut endurer des conditions de vie spartiates à la prison fédérale de Marion, en Illinois. Il était confiné dans une cellule de quatre mètres carrés, vingt-trois heures par jour, et n'avait à sa disposition qu'une radio, un petit téléviseur noir et blanc, un lit de camp, un lavabo et des toilettes. Pour éviter d'être allongé toute la journée, il tordait son matelas en forme de "L" pour en faire une chaise de fortune. Enfin, il n'avait le droit qu'à cinq visites par mois[293].

————

Joseph Bonanno fut traité avec les plus hauts égards lors de sa détention à la Bordeaux Prison de Montréal. Enfermé durant quatre-vingt-dix jours pour avoir menti aux services d'immigration[294], il se vit offrir du cognac Cordon-Bleu, sa marque favorite, d'excellents cigares, ainsi qu'un accès à la ligne privée du gardien-chef. Sa liberté de mouvement était totale et il pouvait exiger la nourriture de son choix[295]. Loin de s'offusquer de ce traitement de faveur, les autres prisonniers étaient quant à eux fascinés par sa réputation de boss d'une des cinq familles de New York. Ils hurlaient son nom, l'applaudissaient à son passage, et

lui proposaient même désespérément leurs services[296].

———

Santo Trafficante Jr., boss du crime organisé en
Floride, fût jeté dans les geôles cubaines lors de la
prise de pouvoir de Fidel Castro en 1959[297]. Le mafieux était en effet un proche allié de l'ex-dictateur
Fulgencio Batista et contrôlait plusieurs casinos
sur l'île[298], ce qui déplaisait fortement au "Lider
Maximo". Durant son séjour derrière les barreaux,
il reçut notamment la visite de Jack Ruby, qui tue-
ra quelques années plus tard Lee Harvey Oswald,
l'assassin de John F. Kennedy. En apprenant que
son exécution était programmée sous peu par le
nouveau gouvernement, Trafficante tenta de sauver sa vie par tous les moyens légaux ou occultes
à sa disposition[299]. Après plusieurs semaines d'an-
goisse, il parvint finalement à obtenir sa libération
dans des conditions assez mystérieuses. Parmi les
rumeurs les plus tenaces, le gangster fut entre
autres suspecté d'avoir soudoyé un marchand
d'armes en affaires avec le régime cubain[300] ou
d'avoir versé une rançon d'un million de dollars à
Raul Castro, le frère de Fidel Castro[301].

Alors qu'il purgeait une peine d'un an de prison pour outrage à magistrat[302], Sam Giancana put jouir de certains privilèges grâce à la corruption de plusieurs gardiens. Il se fit ainsi livrer de la nourriture et d'excellents cigares de La Havane, faisait laver son linge par les surveillants et avait même la permission de sortir de sa cellule la nuit pour aller regarder la télévision dans une autre pièce[303].

———

En 1936, Luciano fut condamné à une peine de trente à cinquante ans de prison pour proxénétisme[304]. Pour s'en sortir, il demanda en 1942 à son proche associé Albert Anastasia de faire couler le paquebot *Normandie,* alors amarré au port de New York[305]. Le gouvernement américain comprit rapidement que la sécurité de ses côtes dépendait de la mafia, qui contrôlait le syndicat des dockers. Les autorités acceptèrent donc l'ignoble marché proposé par Luciano: une forte remise de peine en échange d'une protection totale des docks sous son commandement[306]. L'enjeu était de taille. Les ports new-yorkais assuraient en effet près de la moitié du commerce extérieur des États-Unis[307]. Or, si leurs alliés européens étaient privés des vivres et du matériel transitant par l'océan Atlantique, la Seconde Guerre mondiale aurait pu connaitre une issue catastrophique. En 1946, le gouverneur Thomas Dewey respecta l'accord conclu et libéra Luciano à la condition qu'il soit déporté en Italie[308].

———

En juillet 1938, deux condamnés à perpétuité purgeant leur peine à Alcatraz échafaudèrent le kidnapping du Secrétaire aux Affaires intérieures, Harold Ickes. Sa libération était supposée se faire en échange d'une grâce présidentielle de Roosevelt. Mais leur plan tomba à l'eau après qu'Al Capone refusa de verser les dix mille dollars nécessaires à l'opération. L'ancien boss de Chicago estimait en effet que "le président Roosevelt ne libérerait personne même si toute sa famille était enlevée!"[309].

———

John Gotti paya la Fraternité aryenne, un gang nazi ultra-violent, pour assurer sa protection en prison. Il eut également recours à leurs services pour faire assassiner Walter Johnson, un détenu noir qui l'avait frappé à l'œil. Mais même avec cinq cent mille dollars à la clef, le contrat ne fut jamais rempli[310].

———

Le pénitencier fédéral de Lewisburg possédait un dortoir à l'écart du bâtiment principal, dans lequel les mafiosi incarcérés étaient confortablement logés[311]. Dans les chambres, on trouvait des huiles de bain, du vin, de l'argenterie et même une glacière pour garder la viande et les fromages au frais. La plupart des surveillants étaient corrompus et faisaient passer les mets les plus fins aux gangsters: côtelettes de veau, crevettes ou langoustines, rien n'était impossible pour quiconque pouvait leur graisser la patte. Paul Vario n'hésitait ainsi pas à dépenser jusqu'à mille dollars par semaine pour jouir d'un confort total. Durant les deux ans et demi qu'il passa en prison, il ne mit d'ailleurs pas les pieds plus de cinq fois au réfectoire commun[312].

En tant que détenu le plus riche d'Alcatraz, Al Capone faisait parfois profiter les autres condamnés de ses largesses. Lors des fêtes de fin d'année, il offrait ainsi des cadeaux de Noël à ses compagnons d'infortune, sans même oublier ceux qui avaient essayé de le tuer[313].

———

Durant son emprisonnement pour acte de conspiration et tentative d'extorsion[314], Joe Gallo passait le temps en dévorant des ouvrages de philosophie. Il était capable de lire jusqu'à huit livres par jour et appréciait tout particulièrement Schopenhauer, Kant et Voltaire. Désireux de ne pas oublier les meilleures réflexions des grands penseurs, il noircissait un carnet avec leurs citations[315] et prenait plaisir à débattre de ces sujets avec Nicky Barnes, un détenu dealer d'héroïne avec lequel il avait sympathisé[316].

GROSSES MISES

Arnold Rothstein à Chicago en 1919

Arnold Rothstein adorait les jeux de hasard[317] mais détestait les risques. Pour parier en toute sérénité, il n'hésitait donc pas à tricher[318]. "Je ne joue jamais contre un homme que je ne suis pas sûr de battre", disait-il sans vergogne[319]. Il truquait par exemple des courses de chevaux en insérant des petites éponges dans les narines des montures concurrentes afin de nuire à leur respiration. Malgré tout, ses manigances échouaient de temps à autre. Lors d'une partie de poker épique ayant duré du 8 au 10 septembre 1928, il perdit ainsi la coquette somme de trois cent vingt-deux mille dollars[320].

———

Le célèbre hôtel-casino *Flamingo* de Las Vegas fut construit grâce à l'argent de la mafia, sous la supervision de Benjamin Siegel[321]. Mais avant de devenir l'un des fleurons de la ville, l'établissement, baptisé en hommage au surnom de sa compagne Virginia Hill[322], faillit pourtant ne jamais sortir de terre. Doté d'un budget initial d'un million de dollars[323], le chantier souffrit en effet de la gestion erratique de Siegel[324] et vit ses coûts exploser à près de six millions de dollars en seulement trois ans[325]. Pire, la soirée d'ouverture du 26 décembre 1946 fut un échec retentissant[326]. Inquiets pour leur investissement, ses créanciers mirent leur nez dans les comptes du *Flamingo*. Ils s'aperçurent que six cent mille dollars avaient été détournés et que Virginia Hill s'était étonnement acheté une maison dans la très chic ville de Lucerne, en Suisse[327]. Qu'il fût ou non au courant de la disparition de cet argent, le mafieux avait signé son arrêt de mort. Le 20 juin 1947, Siegel fut assassiné de neuf balles de carabine à son domicile de Las Vegas. Son œil gauche fut projeté à quatre mètres de sa tête, jusqu'au sol de la salle à manger[328].

———

John Gotti était un grand parieur, qui adorait en particulier les jeux de cartes. Il était assez mauvais au poker, mais se rattrapait en misant de l'argent lors de parties marathoniennes de Scrabble et de Monopoly. Il se défendait également aux échecs[329].

———

Certains mafieux appréciaient beaucoup jouer au golf. Malgré un goût prononcé pour la triche, Sam Giancana affichait ainsi un handicap tout à fait respectable de quatorze points. Il était désireux d'améliorer sa technique et n'hésitait pas à prendre des leçons privées jusqu'à des heures tardives. Jack "Machine Gun" McGurn avait pour sa part un niveau encore plus élevé, et participa même au Western Open en 1933. Bien entendu, le gangster n'oubliait jamais de glisser une mitraillette dans son sac de clubs lorsqu'il s'entraînait, au cas où une mauvaise surprise arriverait. Al Capone était quant à lui moins fringant sur les greens. Son putting était médiocre et ses balles se perdaient loin du fairway. Un jour, le pistolet qu'il gardait précieusement dans son sac se déclencha d'ailleurs par inadvertance et lui troua une jambe, ce qui le conduit directement à l'hôpital[330].

——

En 1923, le match de boxe opposant la star des poids lourds Jack Dempsey à Luis Angel Firpo se déroulait à guichets fermés. Face à l'impossibilité de se procurer des places légalement, Luciano acheta deux cents sièges réservés à la presse à vingt-cinq mille dollars l'unité. Il en fit profiter ses amis et assista à la rencontre aux premières loges[331].

───

Al Capone était un joueur compulsif. Il adorait en particulier miser au craps (un jeu de dés américain) et parier gros sur les courses de chevaux. Lorsqu'il gagnait de l'argent, il n'hésitait pas à organiser de grandes fêtes en l'honneur des jockeys ayant franchi la ligne d'arrivée dans le bon ordre. Hélas, Capone pouvait aussi perdre des sommes mirifiques. Il confia ainsi à un journaliste qu'il avait dilapidé sept millions et demi de dollars en moins de deux ans à cause du jeu[332].

───

En 1937, Walter Sage, gérant d'un parc de machine à sous pour la mafia new-yorkaise, se fît assassiner de trente-deux coups de pic à glace pour avoir détourné une partie des recettes. Son corps fut ensuite lesté d'une machine à sous et immergé dans un lac[333].

Avant de se consacrer à une carrière criminelle qui le mena jusqu'à la tête de la famille Genovese, Vincent "The Chin" Gigante faisait la loi sur les rings. Boxeur professionnel de 1944 à 1947, il participa à vingt-cinq combats dans la catégorie lourds-légers, et remporta vingt-et-une victoires dont deux par KO. Le mafieux se produit même à quatre reprises dans la salle mythique du *Madison Square Garden*[334], où Marilyn Monroe chantera plus tard son désormais célébrissime *Happy Birthday Mr. President* pour l'anniversaire de John F. Kennedy devant plus de quinze-mille personnes[335].

Pour contrecarrer les lois antijeu en vigueur aux États-Unis dans les années trente, Frank Costello faisait gagner des bonbons à la menthe aux utilisateurs de ses machines à sous. Les friandises, obtenues si trois cerises ou citrons apparaissaient sur les rouleaux, pouvaient ensuite être échangées contre de l'argent. Bien entendu, cette astuce légale ne tenait qu'à un fil et Costello n'oubliait pas d'arroser copieusement les politiciens et les forces de l'ordre[336]. Avec ses cinq-mille appareils répartis dans la ville de New York, le mafieux empochait près de cinquante mille dollars par jour[337]. Quelques années plus tard, le maire Fiorello La Guardia fît néanmoins démanteler son réseau et détruisit personnellement plusieurs machines avec une masse avant de les jeter dans l'eau sous l'œil des journalistes[338].

———

Arnold Rothstein était un excellent joueur de billard[339]. Il pouvait disputer des parties dantesques allant jusqu'à trente-deux heures, et n'hésitait pas à parier plusieurs milliers de dollars sur ses victoires[340].

———

Peu après avoir repris le contrôle de Cuba grâce à son coup d'État de 1952, Fulgencio Batista nomma Meyer Lansky conseiller en matière de jeu, moyennant un salaire annuel de vingt-cinq mille dollars (soit environ deux cent quatre-vingt-quinze mille dollars en 2025). Profitant de l'appui d'un régime corrompu et déterminé à transformer La Havane en paradis pour les parieurs[341], le gangster fit construire plusieurs hôtels-casinos de luxe comme le *Sevilla Biltmore*, le *Havana Hilton* ou encore l'*Hotel National*. Ses amis de la mafia américaine furent bien entendu invités à prendre leur part du gâteau. Les familles Lucchese, Trafficante et bien d'autres inondèrent ainsi l'île de leur argent sale[342] et bénéficièrent elles aussi des largesses de Batista, qui n'hésita pas à les exempter d'impôts, de droits de douane et même à leur fournir des subventions publiques[343]. Échange de bons procédés, le dictateur recevait de nombreux de pots-de-vin de la part de ses associés, et put fuir Cuba avec près de trois cents millions de dollars sur des comptes offshores lorsque Fidel Castro l'évinça du pouvoir en 1958[344].

———

La famille Lucchese contrôlait une grande partie du monde de la boxe entre les années quarante et soixante. S'appuyant notamment sur le mafieux Frankie "Mr. Gray" Carbo, elle avait le pouvoir de choisir les affiches des matchs et bien souvent de décider de leurs résultats, engrangeant au passage des gains mirifiques grâce à des paris sans risques. Le boxeur Jack La Motta, qui inspira le film *Raging Bull*, admit ainsi s'être couché face à Billy Fox en 1947 sur ordre de Carbo[345]: "À ce moment-là, s'il y avait quelqu'un au Garden qui ne savait pas ce qui se passait, il devait être complètement bourré", avouera-t-il plus tard dans son autobiographie[346].

———

Benjamin Siegel pouvait parier jusqu'à quinze mille dollars par jour sur des courses de chevaux, et affirmait aux inspecteurs des impôts qu'il s'agissait de son unique source de revenus[347].

———

Une étude du Bureau de Contrôle du Crime Organisé de la police de New York estime que les agences de paris contrôlées par la mafia engrangeaient plus d'un milliard de dollars lors de chaque Superbowl durant les années quatre-vingt-dix. En empochant une commission de quinze pour cent sur les mises, les cinq familles new-yorkaises généraient ainsi un confortable profit d'environ cent cinquante millions de dollars en une seule soirée[348].

SWING TIME

Frank Sinatra posant avec Carlo Gambino (troisième à droite)
et Paul Castellano (premier à gauche), en 1976

Le pianiste de jazz Fats Waller fut kidnappé par quatre mafiosi alors qu'il donnait un concert à l'hôtel *Sherman* de Chicago. Forcé de s'asseoir dans une limousine sous la menace d'un revolver, il fut conduit au quartier général d'Al Capone, où on l'obligea à jouer pendant trois jours pour fêter dignement l'anniversaire du célèbre gangster[349]. Malgré le stress, il parvint à divertir l'assistance, et reçut régulièrement des liasses de billets de cent dollars dans sa poche. Une fois libéré, Waller déclara que l'accident fût mémorable, car c'était la première fois qu'il buvait du champagne[350].

———

Anthony Sinatra, le père de Frank Sinatra, vivait dans la même rue que Lucky Luciano à Lercara Friddi, en Sicile: la via Margherita di Savoia[351]. Après son arrivée aux États-Unis, Anthony se mit à combattre sur les rings de boxe sous le nom irlandais de Marty O'Brien afin d'augmenter sa crédibilité et le montant des paris[352]. Quelques années plus tard, il utilisera les initiales de son pseudonyme pour créer un bar: le *MOB*[353]. Une appellation cocasse quand on sait que "mob" signifie "mafia" en argot américain. Plusieurs mafiosi fréquenteront d'ailleurs cet endroit[354], comme Vincent "Jimmy Blue Eyes" Alo, qui déclarera: "je me rappelle de Frank Sinatra quand c'était un gamin, il a toujours rêvé de devenir un gangster ce petit connard"[355].

————

Alphonse "Little Al" D'Arco donna huit mille dollars à son avocat George Spitz pour qu'il achète des instruments de musique à ses enfants[356]. Le résultat dépassa leurs attentes les plus folles. Le cadet, Dan Spitz, fonda le groupe de métal Anthrax, et vendit plus de dix millions d'albums dans le monde[357], glanant six nominations aux Grammy Awards au passage[358]. L'aîné joua quant à lui sur deux albums du célèbre groupe de rock Black Sabbath[359].

————

Bob Dylan fit scandale lors de la sortie de son album *Desire* en 1976 à cause du morceau *Joey*, qui chantait les louanges de Joe Gallo pendant onze minutes[360]. Bien que Gallo ait travaillé comme tueur à gages pour la famille Profaci et qu'il fût condamné à de la prison pour extorsion, les paroles étaient pourtant pleines de sympathie à son égard[361]:

> Ils le coincèrent pour association, ils ne surent jamais avec qui.
> (…)
> Ils le jetèrent au trou une fois pour avoir tenté de terminer une grève.
> Ses meilleurs amis étaient des noirs, car ils avaient l'air de comprendre
> Ce que c'est de vivre en société les mains enchaînées.
> (…)
> Il s'habillait comme Jimmy Cagney et je te jure il avait la classe.
> (…)
> Si un jour au ciel Dieu inspecte son domaine,
> Je sais que ceux qui l'ont descendu auront ce qu'ils méritent[362].

Cela n'empêcha pas l'album de se vendre à presque trois millions d'exemplaires[363].

———

Féru d'opéra, Big Jim Colosimo était ami avec le ténor italien Enrico Caruso, qui se rendait régulièrement dans son restaurant de Chicago. Même si l'établissement ne pouvait évidemment pas rivaliser avec la beauté du *Royal Opéra House* de Londres ou de la *Scala* de Milan, le *Colosimo's Café* était tout de même fréquenté par l'élite de la ville, qui appréciait son bar en acajou et ses murs de velours parcourus de filigranes d'or[364].

——

L'opéra auquel assiste Michael Corleone à la fin du film *Le Parrain 3* est le *Cavalleria Rusticana*[365], écrit par le compositeur Pietro Mascagni en 1890. L'histoire raconte le destin tragique d'un homme qui découvre que sa fiancée s'est mariée pendant qu'il était parti à la guerre[366]. Le parallèle avec le scénario du célèbre long-métrage est intéressant, car les aventures de Michael Corleone commencent précisément au mariage de sa sœur, alors qu'il revient en héros médaillé de la Seconde Guerre mondiale.

——

En 1946, Joe Adonis fit la découverte d'un enregistrement de concours de pétomanes sur le marché noir[367]. Hilare, il chargea Harold Conrad, l'attaché de presse[368] d'un casino dans lequel il avait des parts[369], d'en acheter cinquante-deux exemplaires à quatre dollars pièce. Puis il demanda à Conrad de les revendre aux joueurs du casino à cinquante dollars l'unité et empocha un joli bénéfice de deux mille trois cents quatre-vingt-douze dollars[370].

———

À la demande du père de John F. Kennedy, Sinatra mit en relation leur famille avec la pègre de Chicago, alors dirigée par Sam Giancana. En vue des primaires démocrates et de l'élection présidentielle de 1960, les Kennedy souhaitaient en effet bénéficier des précieuses voix des syndicats contrôlés par la mafia[371]. De son côté, Giancana voyait d'un bon œil l'opportunité d'avoir ses entrées à la Maison-Blanche. Mais après avoir remporté les élections, Kennedy trahit Giancana en lançant une offensive sans merci contre le crime organisé par l'intermédiaire de son frère - et procureur général - Bobby Kennedy. Après une lutte acharnée, plus d'une centaine de mafieux furent envoyés en prison[372]. Fou de rage et tenant Sinatra responsable de cette alliance empoisonnée, Giancana lui fit livrer une tête de mouton décapitée dans sa chambre d'hôtel en Floride[373]. Comprenant parfaitement le message, le crooner s'assura de tenir sa langue face à la justice et dut enchaîner les concerts gratuits, ou aux cachets fortement réduits, dans les casinos détenus par la mafia pour se faire pardonner[374].

———

Malgré l'emprise de la mafia sur les clubs de jazz, beaucoup de musiciens appréciaient les gangsters, car ceux-ci leur offraient de nombreuses opportunités pour jouer[375], payaient dans les temps et dissuadaient quiconque de s'en prendre à eux[376]. Le trompettiste de légende Louis Armstrong admit lui-même préférer se produire dans les établissements liés au crime organisé. Il faut dire qu'il fût soutenu dès ses débuts par Henri Matranga, boss de la mafia de New Orléans, qui l'embaucha régulièrement dans son club[377] et n'hésita pas à soudoyer des juges pour le sortir de prison[378]. Par la suite, Armstrong continua ses relations dange-

reuses en devenant la tête d'affiche du *Sunset Café*,
l'une des salles d'Al Capone à Chicago[379].

———

En 1927, le chanteur de jazz Joe E. Lewis décida de
ne pas renouveler son contrat au *Green Mill Gar-den*, l'un des clubs d'Al Capone à Chicago, pour
toucher un salaire plus élevé au *New
Rendezvous*[380]. Enragé par cette nouvelle, le lieute-nant de Capone Jack "Machine Gun" McGurn le
menaça de gros ennuis s'il venait à les quitter[381].
Refusant de se laisser intimider, Lewis choisit tout
de même de partir et rencontra un grand succès
au *New Rendezvous*[382]. En représailles, il se fit tran-cher les cordes vocales[383] par trois gangsters dans
sa chambre d'hôtel[384]. Par miracle, le jazzman put
toutefois reprendre son travail après deux longues
années de récupération[385].

———

Harry Cohn, patron de Columbia Pictures, ne
supportait pas que la star du studio Kim Novak
sorte avec le chanteur afro-américain Sammy Da-vis Jr. En apprenant leur relation, Cohn fit même

une crise cardiaque[386]. Décidé à mettre fin à cette idylle, il demanda à la mafia de menacer Davis de lui crever un œil s'il ne se mariait pas à une autre femme dans les plus brefs délais[387]. Déjà borgne et effrayé de devenir aveugle, Davis quitta immédiatement Novak et épousa la choriste Loray White quelques jours plus tard[388].

——

En 1947, Frank Sinatra aurait été vu dans plusieurs soirées privées à La Havane en compagnie de Lucky Luciano et de plusieurs autres pontes de la mafia. Le rapport du FBI parla même d'orgies en présence de prostituées[389]. Bien que le crooner affirma qu'il ignorait tout du pedigree du célèbre gangster, une perquisition de l'appartement romain de Luciano permit à la police italienne de découvrir quelque temps plus tard un étui à cigarettes en argent sur lequel était gravée l'inscription "À mon cher ami Lucky, de la part de Frank Sinatra"[390].

——

Al Capone était un grand amateur d'opéra. Il appréciait en particulier écouter Giuseppe Verdi et Enrico Caruso, et pouvait même lire leurs partitions musicales[391]. Lorsqu'il se retrouva emprisonné à Alcatraz, le boss de l'Outfit changea toutefois radicalement de registre pour le banjo, dont il jouait chaque week-end sous la douche[392]. Il parvint d'ailleurs à monter un petit orchestre en achetant des instruments aux détenus qui ne pouvaient pas s'en payer[393]. Doté d'une bonne oreille, Capone composa également une ballade italienne appelée *Madonna Mia*, en hommage à sa femme Mae, durant sa captivité. Retrouvée en 2009, la chanson fut mise en vente à soixante-cinq mille dollars par un archiviste de Boston[394].

———

Hot Chocolates, la revue musicale dans laquelle Louis Armstrong fit ses grands débuts à Broadway en 1929, fut financée par Arnold Rothstein[395] et Dutch Schultz[396]. Le spectacle connut un certain succès et afficha deux-cent-dix-neuf représentations au compteur[397]. Pourtant, la partie n'était pas gagnée d'avance. Schutz n'hésitait en effet pas à imposer ses choix artistiques au compositeur

Andy Razaf en le menaçant avec un pistolet sur la tempe[398].

———

Mario Puzo, l'auteur du livre *Le Parrain*, voulut saluer Frank Sinatra au restaurant *Chasen's* de Los Angeles en 1969. Mais loin d'obtenir les civilités espérées, il se fit insulter par le crooner, qui menaça même de lui casser les jambes. Sinatra ne supportait en effet pas d'être associé au personnage de Johnny Fontane, un chanteur à la carrière déclinante qui dut bénéficier du soutien de Don Corleone pour décrocher un rôle au cinéma. Bien que Fontane soit purement fictif, le parallèle avec Sinatra pouvait en effet être dessiné selon les points de vue[399].

———

Pour fêter l'ouverture du *Colonial Inn*, son nouveau casino d'Hallandale en Floride, Meyer Lansky décida d'embaucher la chanteuse Carmen Miranda. Mais la "bombasse brésilienne", comme la surnommaient ses fans, n'aimait pas les maracas proposées par l'établissement. Le mafieux dut donc se résoudre à effectuer un aller-retour express à La Havane pour lui acheter des modèles qui lui conviennent et ainsi sauver sa soirée[400].

———

En 1956, le crooner Tony Bennett chanta au mariage unissant le fils de Joseph Bonanno à la fille de Joe Profaci[401]. La réception se déroula au très chic hôtel *Astor* de New York devant plus de trois mille invités de marque, parmi lesquels des célébrités[402], un membre du Congrès[403], et la plupart des pontes de la mafia[404].

———

Lorsque Frank Sinatra refusa de chanter pour la Ligue contre la diffamation italo-américaine en novembre 1971, Joe Colombo, boss de la famille Colombo et fondateur de l'organisation, mit un contrat sur sa tête. "[Sinatra] m'appelait tous les jours en pleurant" dira plus tard Vincent "Jimmy Blue Eyes" Alo. Terrifié par les menaces, le crooner changea en effet rapidement d'avis et monta sur scène, pour le plus grand plaisir de Joe Colombo[405].

Lorsque l'agent du FBI Jeffrey Sallet parti arrêter Joey Massino à son domicile le 9 janvier 2003[406], celui-ci écoutait *No Sleep Till Brooklyn* ("Pas De Sommeil Jusqu'à Brooklyn") des Beasties Boys[407]. Une chanson de circonstance pour le boss de la famille Bonanno, qui passa une longue journée dans les bureaux du FBI avant d'être envoyé au tribunal de... Brooklyn[408].

HOLLYWOOD & LITTÉRATURE

Benjamin "Bugsy" Siegel en 1944

Un an avant la sortie de son livre *Le Parrain*, Mario Puzo était endetté à hauteur de vingt mille dollars. Un lourd passif dû en partie à des problèmes de jeu[409]. Fort heureusement pour ses finances, l'ouvrage s'écoula à vingt et un million d'exemplaires dans le monde[410] et propulsa l'histoire de Don Corleone jusqu'à Hollywood avec l'adaptation de Francis Ford Coppola en 1972[411]. Les mafieux apprécièrent tellement l'œuvre qu'ils se mirent à utiliser le terme de "parrain", inventé par Puzo, et à remettre au goût du jour des coutumes délaissées, comme embrasser la bague du boss en guise de respect[412].

———

Anthony "Tough Tony" Anastasio, qui contrôlait les docks de Brooklyn pour la famille Gambino, menaça le fabricant de cigarettes L&M de bloquer leurs chargements portuaires s'ils continuaient de financer la série d'ABC *Les Incorruptibles*. La mafia n'appréciait en effet pas du tout que les méchants de l'histoire soient italiens[413].

———

Dans les années trente, de nombreux syndicats de l'industrie cinématographique étaient contrôlés par la pègre. Benjamin Siegel avait par exemple une mainmise totale sur les figurants. Sous sa supervision, aucun studio n'était autorisé à embaucher un non-adhérent pour tourner une scène. Le gangster prenait une commission confortable sur les salaires de ses ouailles et rackettait en parallèle les producteurs en agitant des menaces de grèves pouvant paralyser les tournages. Il exigeait également que chaque film engage des acteurs fictifs pour gonfler ses bénéfices, qui s'élevaient à quatre cent mille dollars par an avec ce seul syndicat[414]. L'IATSE, le groupement des techniciens du cinéma, n'était pas en reste. Deux pour cent des revenus de chaque membre étaient en effet ponctionnés par leurs "protecteurs"[415]. Des "batteurs" menaçaient même les projectionnistes et autres machinistes récalcitrants de se faire tabasser s'ils refusaient d'adhérer à l'organisation[416]. Un certain nombre de stars et de producteurs furent eux aussi soumis au chantage en raison de leur alcoolisme ou de leurs ébats sexuels[417]. Enfin, les exploitants de salle furent pour leur part rackettés pour mettre fin aux grèves inopinées[418]. Personne ou presque ne passait entre les mailles du filet.

———

Dans *Gatsby Le Magnifique* de Francis Scott Fitzgerald, le personnage énigmatique de Wolfsheim, qui aida Jay Gatsby à acquérir sa fortune, est basé sur Arnold Rothstein.

> *- Meyer Wolfshiem? Non, c'est un joueur.*
> *Gatsby hésita, puis ajouta froidement: "C'est l'homme qui a truqué les World Series en 1919"[419].*

Dans ces lignes, Fitzgerald fait ici une allusion à peine voilée à la grave accusation qui pesait alors contre Rothstein: celle d'avoir truqué le championnat de baseball américain pour gagner une somme colossale[420]. Rothstein ne fut jamais condamné, faute de preuve. Ultime clin d'œil, l'écrivain accentua plus loin ce dialogue sibyllin:

> *- Pourquoi n'est-il pas en prison?*
> *- Ils ne peuvent pas l'avoir, mon vieux. C'est un homme intelligent[421].*

Il est à noter que Fitzgerald rencontra Rothstein en personne, comme l'atteste une lettre envoyée à l'humoriste Corey Ford en 1937: "Je pars toujours du petit point focal qui m'a impressionné. Ma propre rencontre avec Arnold Rothstein par exemple"[422].

———

Le poète William S. Burroughs s'inspira du charabia prononcé par Dutch Schultz sur son lit de mort pour écrire *Les Derniers Mots de Dutch Schultz* en 1970[423]. Après s'être fait tirer dessus dans les toilettes du restaurant *Palace Chop House*[424], Schultz agonisa à l'hôpital pendant plus de vingt heures[425]. Sous l'emprise de drogues pour atténuer la douleur[426], le mafieux déblatéra des propos incohérents, douchant les espoirs de la police de récupérer des informations intéressantes[427].

———

Jimmy Hoffa, chef du syndicat des conducteurs routiers américains, fit annuler la production du long-métrage *The Enemy Within*. Il faut dire que le scénario, pour lequel Paul Newman était pressenti dans le rôle principal, racontait la lutte du ministre de la Justice Robert Kennedy contre le crime organisé. Étant lui-même lié à la mafia[428], Hoffa menaça la 20th Century Fox de poursuites pour plusieurs millions de dollars de dommages et intérêts, et parvint à mettre fin au projet[429].

———

De nombreuses célébrités d'Hollywood appréciaient la compagnie des mafiosi. L'acteur James Caan, connu pour ses performances dans *Misery*, *The Yards* ou *Le Parrain*, entretenait ainsi des relations étroites avec la pègre. Il proposa notamment d'hypothéquer sa maison pour payer la caution d'un gangster de Los Angeles jugé pour trafic de drogue et demanda même à un mafieux de "s'occuper" de l'acteur Joe Pesci en raison d'une dette impayée[430]. Caan fût également vu en train de faire la bise à Carmine "The Snake" Persico, le boss de la famille Colombo, alors qu'il intervenait en tant que témoin au procès d'un gangster[431]. Benjamin Siegel fréquentait lui aussi de nombreuses stars comme George Raft, Jean Harlow, Clark Gable ou encore Bruce Cabot[432]. Henry Hill, mafieux de la famille Lucchese incarné par Ray Liotta dans le film de Martin Scorsese *Les Affranchis*, résuma parfaitement ces liaisons dangereuses: "Tous les gens du cinéma veulent copiner avec les voyous. Les voyous sont comme des bijoux avec lesquels vous pouvez parader lors des soirées[433]. (…) En surface, ce monde semble aussi éloigné de celui des gangsters que ce que vous pouvez imaginer (…) Mais la boue qui se trouve sous la surface est écœurante. Récemment, je me disais que mes aventures à Brooklyn m'avaient bien préparé à nager avec les requins de Wilshire Boulevard"[434].

————

Benjamin Siegel menaça l'acteur Errol Flynn de le couler avec du béton dans le fleuve Sacramento s'il refusait de lui donner vingt-cinq pour-cent de son cachet pour le film *Les Aventures de Robin des Bois*[435]. Flynn s'exécuta sans se faire prier[436]. Il put toutefois se consoler en voyant que la production remporta trois Oscars dans les catégories meilleures direction artistique, meilleur montage et meilleure musique[437].

————

Salvatore Maranzano et Joseph Bonanno partageaient un intérêt commun pour le cinéma. Les deux mafieux allaient souvent voir des films ensemble, en particulier des westerns, le genre préféré de Maranzano[438]. Bonanno prit même des cours du soir pour jouer la comédie[439]. Mais bien que son professeur lui trouva un talent certain, il finit par abandonner sa formation pour se concentrer sur ses activités illégales[440].

———

Terence Winter, scénariste et producteur exécutif de la série d'HBO *Les Sopranos*, révéla que plusieurs mafiosi étaient persuadés que l'un des leurs donnait des informations à la production. Winter obtint cette anecdote étonnante de la part d'un agent du FBI chargé d'analyser des enregistrements de gangsters mis sur écoute. La série était en effet si réaliste qu'un fort climat de suspicion régnait dans les rangs de la mafia[441].

———

Joe Colombo força la Paramount à enlever les termes "Mafia" et "Cosa Nostra" du scénario du

Parrain en menaçant de saboter le tournage du film. Les mots furent respectivement remplacés par "famille" et "syndicat". Plusieurs assistants de Colombo furent également embauchés comme extra par la production[442].

———

La série télévisée favorite de Gregory Scarpa Sr. était *Mission Impossible*. Le mafieux s'imaginait d'ailleurs comme une sorte de James Bond possédant un permis de tuer[443].

———

Joey Massino était propriétaire d'un petit restaurant dédié au film *Casablanca*. Opportunément nommé *Casa Blanca*, l'établissement accueillait les clients avec une statue grandeur nature de l'acteur Humphrey Bogart près du hall d'entrée. Les murs étaient quant à eux ornés de posters du long-métrage et de photos de son casting cinq étoiles. Les portes des toilettes étaient même gardées par les portraits des deux têtes d'affiche, Bogart et Ingrid Bergman[444]. Mais bien que le récit de l'œuvre triplement oscarisée[445] se déroule au Maroc, le menu n'en oubliait toutefois pas les racines de la mafia, en faisait la part belle aux plats siciliens[446].

———

Louis Eppolito et Stephen Caracappa, détectives de la police de New York, servirent secrètement d'informateurs à Anthony "Gaspipe" Casso entre 1986 et 1993. L'underboss de la famille Lucchese les rémunérait quatre mille dollars par mois en échange de leurs services, et leur confia même plusieurs contrats, moyennant des primes pouvant s'élever jusqu'à soixante-quinze mille dollars. Les deux agents corrompus furent reconnus coupables de huit meurtres, deux tentatives d'homicide, d'obstruction à la justice, de trafic de drogue, de blanchiment d'argent et de transmission d'informations sensibles à la mafia[447]. Avant d'être condamné à la prison à vie pour ses méfaits[448], Eppolito s'était pourtant distingué de manière plus honorable en entamant une carrière parallèle d'acteur à Hollywood. On peut notamment le voir dans deux téléfilms et treize longs-métrages, dont *Les Affranchis* et *Predator 2*[449].

BAGATELLE

Vito Genovese, pris en photo par le World Telegram

Vito Genovese fit exécuter le mari de la femme qu'il convoitait. Le malheureux fût étranglé et laissé à la vue des pigeons sur le toit d'un immeuble de Manhattan[450]. Deux semaines plus tard, le gangster put enfin convoler en justes noces avec sa dulcinée[451]. Mais le bonheur conjugal ne dura hélas qu'un temps. En 1953, son épouse demanda en effet le divorce et témoigna contre lui au tribunal, en l'accusant de se livrer au racket, au trafic de stupéfiants, et même d'avoir sympathisé avec le dirigeant nazi Herman Goering au cours d'un voyage en Italie[452].

———

Après avoir subi de fortes pertes financières suite à des paris malheureux aux courses de chevaux, Arnold Rothstein mit en gage la bague de fiançailles de sa future femme. Cela lui prit six mois pour la racheter[453].

———

L'épouse du juge John Foster Symes effectuait régulièrement des strip-teases au *Moonlight Ranch*, un club de jazz de Denver contrôlé par la pègre.

Lorsque l'établissement se fît épingler pour vente illégale d'alcool, Symes fut assez cocassement chargé du procès et se fit un véritable plaisir de les condamner. Il déclara notamment que le *Moonlight Ranch* était "une puanteur dans les narines des citoyens décents et respectables"[454].

———

Le film pornographique *Gorge Profonde* fut financé par Anthony Peraino, un mafieux de la famille Colombo, pour vingt-deux mille dollars[455]. Comme le gangster ne voulait pas de Linda Lovelace dans le rôle principal, le petit-ami de l'actrice, qui craignait de la voir perdre son cachet, la força à prodiguer des fellations quotidiennes à Peraino[456]. Finalement, Lovelace garda sa place et le long-métrage connut un succès mondial. Selon les estimations, il aurait rapporté jusqu'à six cents millions de dollars[457], soit un retour sur investissement de plus de deux millions pour cent.

———

Benjamin Siegel se fit arrêter pour viol le 26 janvier 1926. Mais suite à la disparition inopinée de son accusatrice, les charges furent levées. Siegel prétendra alors que sa victime avait changé d'avis car il était le meilleur coup qu'elle ait jamais eu[458].

———

Big Jim Colosimo empochait plus de cinquante mille dollars par mois grâce à ses maisons closes. Sa commission était d'un dollar et vingt centimes sur les deux dollars que gagnaient les filles de joie à chaque passe[459]. Amateur de prostituées, il se maria d'ailleurs à Victoria Moresco, une patronne d'établissement pour gentlemen[460].

———

James T. Ellison, leader du terrible "Gopher Gang" qui contrôlait Manhattan jusqu'en 1910, était ouvertement homosexuel et inaugura l'un des premiers bars gay de New York, le *Paresis*. Après sa condamnation à vingt ans de prison pour meurtre en 1911, il développa des problèmes mentaux et finit sa vie enfermé dans un asile psychiatrique[461].

———

Thomas Eboli, boss par intérim de la famille Genovese, fut exécuté le 16 juillet 1972 pour avoir échoué à rembourser quatre millions de dollars à Carlo Gambino[462]. Mais par respect pour son statut, les tueurs chargés du contrat attendirent qu'il sorte de l'appartement de sa maitresse à Brooklyn pour le cribler de balles[463].

———

Les familles mafieuses interdisaient à leurs membres de pratiquer le cunnilingus. Selon Salvatore Vitale, capitaine de la famille Bonanno devenu informateur pour le gouvernement, un associé se vit ainsi refuser son admission dans leurs rangs après avoir été entendu en train de parler de cette pratique[464].

———

Paul Castellano séduisit sa femme de ménage colombienne grâce à un ordinateur. L'employée, qui comprenait mal l'anglais lors de son embauche, se faisait alors traduire ses consignes en espagnol sur l'écran de l'appareil. Mais après quelques mois, les ordres du boss se transformèrent peu à peu en mots doux[465]. Cette technique de séduction avant-gardiste fut étonnamment couronnée de succès, puisque Castellano vécut jusqu'à la fin de ses jours avec sa dulcinée dans son manoir de Staten Island[466].

———

Depuis la prison new-yorkaise de Sing-Sing, la mafia italienne envoyait des courriers de dénonciation aux familles des gangsters soupçonnés d'avoir des activités homosexuelles. Une simple discussion avec un détenu considéré comme gay pouvait faire office de preuve[467].

———

Alors qu'il purgeait une peine de cent trente-neuf ans à la prison fédérale de Lompoc, Carmine Persico soudoyait les gardes pour qu'ils le laissent coucher avec une avocate qui lui rendait régulièrement visite[468]. Entre deux instants galants, le boss de la famille Colombo tuait le temps en jouant de la batterie dans un groupe de musique composé de deux autres gangsters et d'un trafiquant d'héroïne, et s'occupait également du club de culture italienne qu'il avait fondé[469].

———

Anthony "Gaspipe" Casso avait une manière assez particulière d'entretenir des liens de bon voisinage. Lorsqu'un de ses voisins vint un jour à sa rencontre pour se plaindre d'un jeune homme faisant une cour assidue à sa fille, l'underboss de la famille Lucchese n'hésita pas à lui rendre service en envoyant un tueur à gages punir l'apprenti Don Juan. Le corps de la victime fut retrouvé le 7 décembre 1988 dans une voiture à Brooklyn[470].

BUON APPETITO

Sam Giancana, boss de l'Outfit de Chicago

Anthony Casso, underboss de la famille Lucchese, aimait montrer son aisance financière au restaurant. Lors d'un repas au très chic *Forge* de Miami, il commanda leur bouteille de vin la plus chère, pour près de dix mille dollars. Une fois servi, il demanda alors un coca et le versa dans son verre de vin. Le sommelier crut défaillir en observant la scène[471].

———

Joey Massino était un très bon cuisinier. Quand il n'était pas occupé à diriger la famille Bonanno, l'un de ses passe-temps favoris était d'imaginer de nouvelles recettes et de les tester[472]. Son péché mignon pour la nourriture lui valut néanmoins de prendre un bel embonpoint, jusqu'à afficher cent quatre-vingt-un kilos sur la balance[473]. Lorsque l'agent infiltré du FBI Joseph Pistone témoigna contre Massino en justice, le mafieux lui demanda qui allait jouer son rôle dans le film *Donnie Brasco*. Pistone répondit que la production ne parvenait pas à trouver un acteur assez gros[474].

———

Lors d'écoutes du FBI dans la chambre de Meyer Lansky à l'hôtel *Volney* de New York en 1962, les agents fédéraux apprirent que son régime était essentiellement composé de sardines, de gelée, de ragout de mouton et de jambon[475].

———

Durant la Prohibition, le gouvernement américain ordonna d'empoisonner les alcools industriels légaux, parfois utilisés par les trafiquants pour constituer leurs stocks. Le but affiché était de dissuader les gens de prendre des risques en se rendant dans les bars clandestins[476]. Seymour M. Lowman, secrétaire adjoint au Trésor, déclara même que si le résultat était une Amérique sobre, "un bon travail aurait été fait". Mais loin d'obtenir l'effet escompté, cette mesure augmenta de manière dramatique les cas de cécité et le nombre de morts parmi les buveurs[477]. On estime ainsi qu'environ cinquante mille personnes seraient décédées après avoir bu du whisky contaminé entre 1920 et 1933[478].

———

Arnold Rothstein gérait la plupart de ses opérations au *Lindy's* Restaurant, à Times Square. Il passait d'ailleurs tellement de temps à sa table que les clients pensaient qu'il était le propriétaire de l'établissement[479].

————

Enoch "Nucky" Johnson avait pour habitude de se faire servir son petit-déjeuner à trois heures de l'après-midi après s'être fait enduire de pommades douces et d'huiles essentielles par son valet[480]. Face à l'océan, dans sa suite du neuvième étage du *Ritz-Carlton*, il dégustait ainsi un jus d'orange fraîchement pressé, six œufs et une tranche de jambon[481].

————

New York comptait près de trente-deux mille bars clandestins durant la Prohibition[482]. À titre de comparaison, la ville ne totalisait plus que deux mille cent débits de boissons en 2018[483].

————

Beaucoup de mafiosi se firent assassiner dans un restaurant. Citons en quelques-uns:

- "Crazy" Joe Gallo, le 7 avril 1972, au *Umbertos Clam House* à Little Italy. Gallo fêtait son quarante-troisième anniversaire en compagnie de sa femme, sa fille, sa sœur, et de son garde du corps "Pete The Greek". En guise de cadeau, quatre tueurs entrèrent dans l'établissement pour l'exécuter de vingt coups de feu[484]. Le commanditaire du contrat est encore inconnu à ce jour.

- Joe "The Boss" Masseria, le 15 avril 1931, au *Nuova Villa Tammaro*, un lieu spécialisé dans les fruits de mer à Coney Island. Son meurtre fut organisé par Lucky Luciano, qui venait de partager une partie de cartes à sa table. Peu après s'être éclipsé aux toilettes, Luciano envoya quatre tueurs mettre fin au règne du gangster[485]. Étendue au sol, la main inanimée de Masseria tenait un as de pique[486].

- Carmine Galante, boss officieux de la famille Bonanno, le 12 juillet 1979, dans le patio du restaurant Italo-Americain *Joe and Mary's*, à

Brooklyn. À 14H45, alors qu'il attendait son café en compagnie de ses deux gardes du corps, de son dealer, et du propriétaire de l'établissement, trois assassins dissimulés sous des masques de ski entrèrent par surprise et mirent un terme à sa vie. Galante mourut avec son fidèle cigare en bouche[487].

- Paul Castellano, boss de la famille Gambino, le 16 décembre 1985, devant le *Sparks Steak House* de Manhattan. À peine sortis de leur limousine, Castellano et son capitaine Thomas Bilotti se firent descendre à coup de fusils automatiques par trois tueurs à gages[488]. Le meurtre fut commandité par John Gotti, qui observa le spectacle depuis sa voiture, garée à quelques mètres de l'établissement[489]. Quelques semaines plus tard, Gotti prit officiellement la tête de la famille Gambino[490].

- Dutch Schultz, le 23 octobre 1935, au *Palace Chop House and Tavern*, à Newark. Son sort fut scellé par les principaux boss de la mafia, qui craignaient que sa volonté d'assassiner le procureur Thomas E. Dewey attire trop d'attention sur eux[491]. Schultz se fit mortellement tirer dessus dans les toilettes[492].

- Willie Moretti, le 4 octobre 1951 au *Joe's Elbow Room Restaurant* à Cliffside Park. Moretti, qui souffrait d'un déclin cognitif dû à la syphilis, fut tué de peur qu'il ne se mette à trop parler[493]. L'ex-mafieux Joe Valachi, devenu témoin pour le gouvernement, déclara notamment qu'il s'agissait "d'un meurtre par compassion parce qu'il était malade"[494].

- Big Jim Colosimo, le 11 mai 1920, dans son propre restaurant, le *Colosimo's Café*, au 2128 South Wabash à Chicago[495]. L'auteur du crime n'a jamais été formellement identifié, mais les soupçons pèsent fortement sur son capitaine Johnny Torrio, dont les velléités d'étendre les activités de la famille à la contrebande d'alcool étaient rejetées par Colosimo[496].

———

Joe "The Boss" Masseria était également surnommé "The Glutton" ("Le Glouton") en raison de ses mauvaises manières à table et de son appétit vorace. Il pouvait facilement engloutir trois assiettes de pâtes pour accompagner son plat principal et éclaboussait ses convives avec la nourriture qui sortait de sa bouche pendant qu'il parlait[497]. Joseph Bonanno disait qu'il dévorait ses repas "avec la rage d'un animal affamé" et qu'il "montrait à peu près autant de délicatesse qu'un Hun pillant une ville" lorsqu'il s'agissait de déguster un mets[498].

———

Les alambics des plus gros trafiquants de New York pouvaient produire jusqu'à trois cent soixante-dix-huit litres d'alcool par jour, à un coût ridicule de cinquante cents par litre, pour un prix de vente d'environ douze dollars. Attirés par cette manne financière, quelques citoyens peu scrupuleux confectionnaient également leur propre alcool à base de sucre de maïs, de betteraves ou d'épluchures de pommes de terre fermentées. Une fois quelques bouteilles remplies, il fallait alors les diluer avec de l'eau. Hélas, comme les éviers des cuisines de l'époque étaient souvent trop étroits, les apprentis bootleggers devaient se résoudre à utiliser le robinet de leurs baignoires. Afin de dissimuler le goût ignoble de ces "bathtub gin", les barmen des speakeasies les mélangeaient donc régulièrement avec des amers ou des jus de fruits, donnant ainsi naissance à de nombreux cocktails[499].

———

Frank Costello avait pour habitude de se lever à cinq heures du matin pour prendre son petit-déjeuner en compagnie du *New York Times*[500]. Il se contentait d'avaler une tasse de café noir sans sucre et une tranche de pain grillée à la margarine[501].

———

Bien qu'il ait violé la plupart des commandements de la Bible, Sam Giancana exigeait que sa femme récite le bénédicité avant que quiconque ne touche à la nourriture sur la table. Il suivait également d'autres traditions catholiques comme l'interdiction de toute viande le vendredi et la veille de Noël[502]. Cette rigueur culinaire ne lui porta toutefois pas bonheur. Le boss de l'Outfit se fit en effet assassiner de sept balles dans le cou et la tête[503] alors qu'il cuisinait un plat de saucisses et d'épinards dans le sous-sol de sa maison[504].

———

Vincent Mangano, boss de la famille Mangano, invitait régulièrement ses amis Joe Profaci et Joseph Bonanno à partager des banquets interminables dans son ranch ou sa demeure new-yorkaise[505]. Mangano préparait lui-même du poisson, du veau, du filet mignon et bien sûr des pâtes pour sustenter ses hôtes de marque[506]. Entre deux assiettes, les patrons des plus puissantes familles criminelles des États-Unis avaient pour habitude de chanter et de porter des toasts en récitant des poèmes siciliens improvisés[507].

———

Après avoir assassiné Cesare Bonventre, un lieutenant de la famille Bonanno, les tueurs envoyés par le boss Joey Massino[508] tentèrent de se débarrasser de son corps en le passant dans un hachoir à viande. Hélas, la machine se bloqua après avoir réduit le torse du gangster en petits morceaux. Les apprentis bouchers durent donc se résoudre à finir le travail en cachant les parties restantes dans trois bidons de colle[509].

———

Enoch "Nucky" Johnson adorait les caramels à l'eau salée. Ces délicieuses friandises furent d'ailleurs inventées par l'un de ses concitoyens d'Atlantic City, David Bradley[510].

———

La famille Genovese contrôlait la vente et la distribution de poissons à New York, tenant à sa merci des milliers de restaurateurs et de commerçants. Les livraisons étaient soumises au paiement d'une taxe[511] et les rares clients qui osaient protester se faisaient crever leurs pneus, tabasser ou même menacer de mort. Ce racket, qui rapportait environ trois millions de dollars par an, était toutefois moins juteux que les revenus générés par les frais de "protection" imposés aux enseignes commercialisant leurs fruits de mer. Avec soixante-huit mille tonnes de poissons vendus chaque année, le marché pesait en effet près d'un milliard de dollars[512].

BIBLIOGRAPHIE

L'agent Joseph Pistone sous les traits de Donnie Brasco

67 LIVRES

- Boardwalk Empire: The Birth, High Times, and Corruption of Atlantic City, Nelson Johnson
- Boss of Bosses: The Fall of the Godfather, the FBI and Paul Castellano, Joseph F. O'Brien et Andris Kurins
- Bringing Down the Mob: The War Against the American Mafia, Thomas Reppetto
- Brutal: The Untold Story of My Life Inside Whitey Bulger's Irish Mob, Kevin Weeks
- Capone: The Man and the Era, Laurence Bergreen
- Capone, John Kobler
- Cigar City Mafia: A Complete History of the Tampa Underworld, Scott Deitche
- Corruption in Cuba: Castro and Beyond, Sergio Díaz-Briquets et Jorge Pérez-López
- Cosa Nostra, un Siècle d'Histoire, Eric Frattini
- Crime, Justice, and Society, Calvin J. Larson et Gerald R. Garrett
- Deal With The Devil: The FBI's Secret Thirty-Year Relationship With a Mafia Killer, Peter Lance
- Donnie Brasco: My Undercover Life in the Mafia, Joseph D. Pistone

- Donnie Brasco: Unfinished Business, Joseph D. Pistone
- Fats Waller, Maurice Waller et Anthony Calabrese
- Five Families: The Rise, Decline, and Resurgence of America's Most Powerful Mafia Empires, Selwyn Raab
- For the Sins of My Father: A Mafia Killer, His Son, and the Legacy of a Mob Life, Albert DeMeo
- Frank Sinatra, une Mythologie Américaine, Steven Jezo-Vannier
- Gangsters and Goodfellas: The Mob, Witness Protection, and Life on the Run, Henry Hill
- Goddess: The Secret Lives of Marilyn Monroe, Anthony Summers
- Gotti, Jerry Capeci et Gene Mustain
- Homme d'Honneur, Joseph Bonanno
- Iced: The Story of Organized Crime in Canada, Stephen Schneider
- J.E. Hoover Confidential, Anthony Summers
- Jazz and the Underworld: Dangerous Rhythms, T.J. English
- Journal of Law and Criminology, Rackets in America, volume 49, Virgil W. Peterson

- Kill the Dutchman!: The Story of Dutch Schultz, Paul Sann
- King of the Godfathers: "Big Joey" Massino and the Fall of the Bonanno Crime Family, Anthony M. Destefano
- La Mafia à Hollywood, Tim Adler
- Les Affranchis: La Vie Quotidienne dans la Mafia, Nicholas Pileggi
- Le Syndicat du Crime, Jean-Michel Charlier
- Les Secrets de la Mafia, Philippe Di Folco
- Little Man: Meyer Lansky and the Gangster Life, Robert Lacey
- Mafia Princess: Growing Up in Sam Giancana's Family, Antoinette Giancana et Thomas C. Renner
- Mickey Cohen: The Life and Crimes of L.A.'s Notorious Mobster, Tere Tereba
- Mob Boss: The Life of Little Al D'Arco, the Man Who Brought Down the Mafia, Jerry Capeci et Tom Robbins
- Mob Lawyer, Frank Ragano et Selwyn Raab
- Mob Star, Jerry Capeci et Gene Mustain
- Mobsters and Thugs: Quotes From the Underworld, Olindo Romeo Chiocca
- Mr. Capone, Robert J. Schoenberg

- Murder Machine: A True Story of Murder, Madness and The Mafia, Gene Mustain et Jerry Capeci
- Olives: The Life and Lore of a Noble Fruit, Mort Rosenbaum
- On the Rock: Twenty-Five Years in Alcatraz, Alvin Karpis
- Oncle Frank: Frank Costello, Vie et Mort d'un Parrain, Leonard Katz
- Project MKULTRA, the CIA's Program of Research in Behavioral Modification, U.S. Government
- Raging Bull: My Story, Jack La Motta, Joseph Carter et Peter Savage
- Rothstein: The Life, Times, and Murder of the Criminal Genius Who Fixed the 1919 World Series, David Pietrusza
- Sinatra: The Life, Anthony Summers
- Smartest Bandit of the Cookson Hills, Carl Janaway
- The Bob Dylan Albums: A Critical Study, Anthony Varesi
- The Complete Idiot's Guide to the Mafia, Jerry Capeci

- The Encyclopedia of Unsolved Crimes, Michael Newton
- The Federal Bureau of Investigation: History, Powers, and Controversies of the FBI, Douglas M. Charles et Aaaron J. Stockham
- The Godfather Effect: Changing Hollywood, America, and Me, Tom Santopietro
- The Great Gatsby, Francis Scott Fitzgerald
- The Hoffa Wars: The Rise and Fall of Jimmy Hoffa, Dan E. Moldea
- The Last Godfather: The Rise and Fall of Joey Massino, Simon Crittle
- The Mad Ones: Crazy Joe Gallo and the Revolution at the Edge of the Underworld, Tom Folsom
- The Mafia at War, Allied Collusion With the Mob, Tim Newark
- The Mafia Encyclopedia, Carl Sifakis
- The Origin of Organized Crime in America: The New York City Mafia, 1891-1931, David Critchley
- The Sinatra Club: My Life Inside the New York Mafia, Salvatore Polisi
- The Valachi Papers, Peter Maas
- The Way of the Wiseguy, Joseph D. Pistone
- Tommy Gun: How General Thompson's Submachine Gun Wrote History, Bill Yenne

- Underboss: Sammy the Bull Gravano's Story of
  Life in the Mafia, Peter Maas
- We Only Kill Each Other: The Life and Bad
  Times of Bugsy Siegel, Dean Southern Jennings
- Whitey Bulger: America's Most Wanted Gangster
  and The Manhunt That Brought Him To Justice,
  Kevin Cullen

17 JOURNAUX ET DOCUMENTS

- Chicago Sunday Tribune
- Chicago Tribune
- Criminal Rico: A Manual For Federal Prosecu-
  tors, U.S. Department of Justice
- Fortune
- Golf Chicago Magazine
- Jewish Telegraphic Agency
- Library of Congress
- Los Angeles Times
- New York Daily News
- New York Times
- News-Press, Fort Myers
- The Californian
- The Evening Times
- The United States Attorney's Office, Eastern Dis-
  trict of New York

- Time
- United States District Court, Eastern District of New York
- Vanderbilt Law Review

2 CHAÎNES D'INFORMATIONS

- C-SPAN
- NBC News

30 SITES INTERNET

- Archives gouvernementales américaines - archives.gov
- Best Selling Albums - bestsellingalbums.org
- Black Sabbath - black-sabbath.com
- Bob Dylan - bobdylan.com
- Broadway Database - ibdb.com
- Congrès américain - constitution.congress.gov
- Cour Suprême américaine - supreme.justia.com
- Deadline - deadline.com
- Descendant Of Thieves - descendantofthieves.com
- BoxRec - boxrec.com
- Find A Grave - findagrave.com
- Refworld - refworld.org

- Getty Images - gettyimages.fr
- Grammy Awards - grammy.com
- Hall of fame du baseball américain - baseball-hall.org
- Harvard Business School - hbs.edu
- History - historynet.com
- Internet Movie Database - imdb.com
- Justia US Law - law.justia.com
- Last FM - last.fm
- Librairie Nationale de la médecine américaine - ncbi.nlm.nih.gov
- Opera Online - opera-online.com
- Oscars - oscars.org
- Richard Nixon Fundation - nixonfoundation.org
- Sénat américain - senate.gov
- Services secrets américains - secretservice.gov
- The Guardian - theguardian.com
- The Mob Museum - themobmuseum.org
- Vanity Fair - vanityfair.com
- Winston Churchill - winstonchurchill.org

CRÉDITS PHOTOS

Toutes les photographies présentées dans cet ouvrage sont libres de droits.

DOMAINE PUBLIC

- Associated Press
- Bernard Gotfryd
- CBS Television
- Federal Bureau of Investigation
- Harris & Ewing
- Joyson Noel
- New York Police Department
- The Evening World
- United States Department of Justice
- US Federal Government
- World Telegram

CREATIVE COMMONS

- Benjamin Siegel: Los Angeles Daily News, Wikimedia
- Enoch Johnson: Brinks38200, Wikimedia

SOURCES

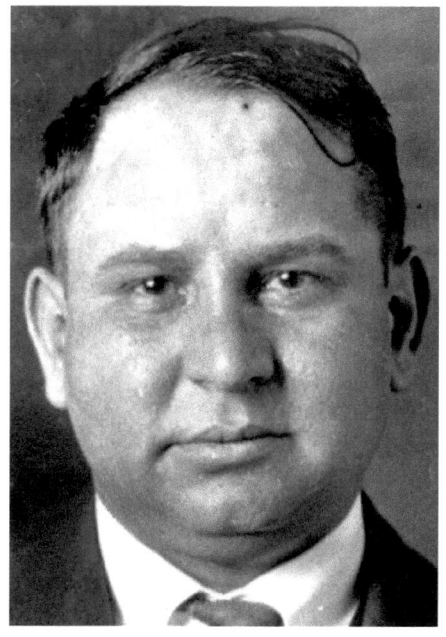

Mugshot de Joe Masseria en 1922

[1] King of the Godfathers: "Big Joey" Massino and the Fall of the Bonanno Crime Family, Anthony M. Destefano, page 72

[2] King of the Godfathers: "Big Joey" Massino and the Fall of the Bonanno Crime Family, Anthony M. Destefano, page 73

[3] We Only Kill Each Other: The Life and Bad Times of Bugsy Siegel, Dean Southern Jennings, page 23

[4] We Only Kill Each Other: The Life and Bad Times of Bugsy Siegel, Dean Southern Jennings, page 50

[5] Whitey Bulger: America's Most Wanted Gangster and The Manhunt That Brought Him To Justice, Kevin Cullen, page 416

[6] Whitey Bulger: America's Most Wanted Gangster and The Manhunt That Brought Him To Justice, Kevin Cullen, page 379

[7] Whitey Bulger: America's Most Wanted Gangster and The Manhunt That Brought Him To Justice, Kevin Cullen, page 411

[8] Whitey Bulger: America's Most Wanted Gangster and The Manhunt That Brought Him To Justice, Kevin Cullen, page 401

[9] Whitey Bulger: America's Most Wanted Gangster and The Manhunt That Brought Him To Justice, Kevin Cullen, page 416

[10] Capone: The Man and the Era, Laurence Bergreen, page 50

[11] Mr. Capone, Robert J. Schoenberg, page 34

[12] Mr. Capone, Robert J. Schoenberg, page 33

[13] Mr. Capone, Robert J. Schoenberg, page 32

[14] Mr. Capone, Robert J. Schoenberg, page 33

[15] Capone, John Kobler, page 15

[16] Capone, John Kobler, page 36

[17] Mr. Capone, Robert J. Schoenberg, page 34

[18] Dossier du FBI sur Frank Costello, fichier 62-76543, section 1-2, page 28

[19] Little Man: Meyer Lansky and the Gangster Life, Robert Lacey, page 187

[20] The Mafia Encyclopedia, Carl Sifakis page 10

[21] New York Times, 26 octobre 1957, page 1

[22] https://themobmuseum.org/

[23] Mobsters and Thugs: Quotes From the Underworld, Olindo Romeo Chiocca, page 58

[24] Capone: The Man and the Era, Laurence Bergreen, page 81

[25] Boardwalk Empire: The Birth, High Times, and Corruption of Atlantic City, Nelson Johnson, page 92

[26] Boardwalk Empire: The Birth, High Times, and Corruption of Atlantic City, Nelson Johnson, page 79

[27] Boardwalk Empire: The Birth, High Times, and Corruption of Atlantic City, Nelson Johnson, page 91

[28] Boardwalk Empire: The Birth, High Times, and Corruption of Atlantic City, Nelson Johnson, page 93

[29] Oncle Frank: Frank Costello, Vie et Mort d'un Parrain, Leonard Katz, page 104

[30] Oncle Frank: Frank Costello, Vie et Mort d'un Parrain, Leonard Katz, page 106

[31] Rothstein: The Life, Times, and Murder of the Criminal Genius Who Fixed the 1919 World Series, David Pietrusza, page 423

[32] Les Secrets de la Mafia, Philippe Di Folco, page 216

[33] Gotti, Jerry Capeci et Gene Mustain, page 159

[34] Mob Star, Jerry Capeci et Gene Mustain, page 11

[35] Gotti, Jerry Capeci et Gene Mustain, page 113

[36] Gotti, Jerry Capeci et Gene Mustain, page 160

[37] https://content.time.com/time/covers/0,16641,19860929,00.html

[38] New York Times, 19 février 1990, page 1

[39] Oncle Frank: Frank Costello, Vie et Mort d'un Parrain, Leonard Katz, page 20

[40] Homme d'Honneur, Joseph Bonanno, page 8

[41] Homme d'Honneur, Joseph Bonanno, page 9

[42] The American Gladiators: Taft Versus Remus, Albert Rosenberg, page 11

[43] The American Gladiators: Taft Versus Remus, Albert Rosenberg, page 116

[44] The American Gladiators: Taft Versus Remus, Albert Rosenberg, page 11

[45] The American Gladiators: Taft Versus Remus, Albert Rosenberg, page 12

[46] We Only Kill Each Other: The Life and Bad Times of Bugsy Siegel, Dean Southern Jennings, page 49

[47] Rothstein: The Life, Times, and Murder of the Criminal Genius Who Fixed the 1919 World Series, David Pietrusza, page 201

[48] Mafia Princess: Growing Up in Sam Giancana's Family, Antoinette Giancana et Thomas C. Renner, page 48

[49] Mafia Princess: Growing Up in Sam Giancana's Family, Antoinette Giancana et Thomas C. Renner, page 49

[50] Mafia Princess: Growing Up in Sam Giancana's Family, Antoinette Giancana et Thomas C. Renner, page 51

[51] Mafia Princess: Growing Up in Sam Giancana's Family, Antoinette Giancana et Thomas C. Renner, page 48

[52] Murder Machine: A True Story of Murder, Madness and The Mafia, Gene Mustain et Jerry Capeci, page 10 de l'avant-propos

[53] For the Sins of My Father: A Mafia Killer, His Son, and the Legacy of a Mob Life, Albert DeMeo, page 67

[54] For the Sins of My Father: A Mafia Killer, His Son, and the Legacy of a Mob Life, Albert DeMeo, page 68

[55] We Only Kill Each Other: The Life and Bad Times of Bugsy Siegel, Dean Southern Jennings, page 81

[56] We Only Kill Each Other: The Life and Bad Times of Bugsy Siegel, Dean Southern Jennings, page 83

[57] We Only Kill Each Other: The Life and Bad Times of Bugsy Siegel, Dean Southern Jennings, page 84

[58] Les Affranchis: La Vie Quotidienne dans la Mafia, Nicholas Pileggi, page 196

59 Les Affranchis: La Vie Quotidienne dans la Mafia, Nicholas Pileggi, page 197

60 La Mafia à Hollywood, Tim Adler, page 41

61 The Way of the Wiseguy, Joseph D. Pistone, page 29

62 The Way of the Wiseguy, Joseph D. Pistone, page 33

63 The Way of the Wiseguy, Joseph D. Pistone, page 50

64 The Way of the Wiseguy, Joseph D. Pistone, page 29

65 The Way of the Wiseguy, Joseph D. Pistone, page 30

66 The Way of the Wiseguy, Joseph D. Pistone, page 81

67 The Way of the Wiseguy, Joseph D. Pistone, page 89

68 The Way of the Wiseguy, Joseph D. Pistone, page 93

69 Les Secrets de la Mafia, Philippe Di Folco, page 75

70 Les Secrets de la Mafia, Philippe Di Folco, page 77

71 Boardwalk Empire: The Birth, High Times, and Corruption of Atlantic City, Nelson Johnson, page 79

72 Boardwalk Empire: The Birth, High Times, and Corruption of Atlantic City, Nelson Johnson, page 86

73 Boardwalk Empire: The Birth, High Times, and Corruption of Atlantic City, Nelson Johnson, page 99

74 Les Secrets de la Mafia, Philippe Di Folco, page 81

75 Les Secrets de la Mafia, Philippe Di Folco, page 212

76 Mob Boss: The Life of Little Al D'Arco, the Man Who Brought Down the Mafia, Jerry Capeci et Tom Robbins, page 122

[77] Homme d'Honneur, Joseph Bonanno, page 206

[78] Homme d'Honneur, Joseph Bonanno, page 153

[79] The Mafia at War, Allied Collusion With the Mob, Tim Newark, page 73

[80] Little Man: Meyer Lansky and the Gangster Life, Robert Lacey, page 16

[81] Little Man: Meyer Lansky and the Gangster Life, Robert Lacey, page 17

[82] The Mafia at War, Allied Collusion With the Mob, Tim Newark, page 73

[83] Organized Crime in Chicago: Beyond the Mafia, Robert M. Lombardo, page 104

[84] The Mafia at War, Allied Collusion With the Mob, Tim Newark, page 116

[85] The Mafia at War, Allied Collusion With the Mob, Tim Newark, page 215

[86] The Mafia at War, Allied Collusion With the Mob, Tim Newark, page 216

[87] The Mafia at War, Allied Collusion With the Mob, Tim Newark, page 226

[88] Mob Boss: The Life of Little Al D'Arco, the Man Who Brought Down the Mafia, Jerry Capeci et Tom Robbins, page 323

[89] Mob Boss: The Life of Little Al D'Arco, the Man Who Brought Down the Mafia, Jerry Capeci et Tom Robbins, page 325

[90] The Californian, 29 octobre 1984, page 10

[91] Homme d'Honneur, Joseph Bonanno, page 214

[92] New York Times, 16 octobre 1976, page 28

[93] Les Affranchis: La Vie Quotidienne dans la Mafia, Nicholas Pileggi, page 186

[94] Les Affranchis: La Vie Quotidienne dans la Mafia, Nicholas Pileggi, page 187

[95] Les Affranchis: La Vie Quotidienne dans la Mafia, Nicholas Pileggi, page 188

[96] The Way of the Wiseguy, Joseph D. Pistone, page 110

[97] The Way of the Wiseguy, Joseph D. Pistone, page 111

[98] The Way of the Wiseguy, Joseph D. Pistone, page 112

[99] Les Affranchis: La Vie Quotidienne dans la Mafia, Nicholas Pileggi, page 41

[100] The Federal Bureau of Investigation: History, Powers, and Controversies of the FBI, Douglas M. Charles et Aaaron J. Stockham, page 40

[101] Donnie Brasco: My Undercover Life in the Mafia, Joseph D. Pistone, page 2

[102] We Only Kill Each Other: The Life and Bad Times of Bugsy Siegel, Dean Southern Jennings, page 52

[103] We Only Kill Each Other: The Life and Bad Times of Bugsy Siegel, Dean Southern Jennings, page 53

[104] We Only Kill Each Other: The Life and Bad Times of Bugsy Siegel, Dean Southern Jennings, page 58

[105] Five Families: The Rise, Decline, and Resurgence of America's Most Powerful Mafia Empires, Selwyn Raab, page 336

[106] Underboss: Sammy the Bull Gravano's Story of Life in the Mafia, Peter Maas, page 160

[107] Underboss: Sammy the Bull Gravano's Story of Life in the Mafia, Peter Maas, page 283

[108] Rothstein: The Life, Times, and Murder of the Criminal Genius Who Fixed the 1919 World Series, David Pietrusza, page 1

[109] New York Times, 7 novembre 1928, page 27

[110] Oncle Frank: Frank Costello, Vie et Mort d'un Parrain, Leonard Katz, page 175

[111] Oncle Frank: Frank Costello, Vie et Mort d'un Parrain, Leonard Katz, page 176

[112] Oncle Frank: Frank Costello, Vie et Mort d'un Parrain, Leonard Katz, page 177

[113] Little Man: Meyer Lansky and the Gangster Life, Robert Lacey, page 211

[114] Five Families: The Rise, Decline, and Resurgence of America's Most Powerful Mafia Empires, Selwyn Raab, page 569

[115] Fortune, 10 novembre 1986, page 25

[116] New York Times, 14 janvier 1987, page 1

[117] Underboss: Sammy the Bull Gravano's Story of Life in the Mafia, Peter Maas, page 107

[118] Underboss: Sammy the Bull Gravano's Story of Life in the Mafia, Peter Maas, page 108

[119] https://prohibition.themobmuseum.org/the-history/the-rise-of-organized-crime/the-mob-during-prohibition/

[120] Mr. Capone, Robert J. Schoenberg, page 40

[121] Five Families: The Rise, Decline, and Resurgence of America's Most Powerful Mafia Empires, Selwyn Raab, page 156

[122] Rothstein: The Life, Times, and Murder of the Criminal Genius Who Fixed the 1919 World Series, David Pietrusza, page 4

[123] Rothstein: The Life, Times, and Murder of the Criminal Genius Who Fixed the 1919 World Series, David Pietrusza, page 205

[124] Rothstein: The Life, Times, and Murder of the Criminal Genius Who Fixed the 1919 World Series, David Pietrusza, page 213

[125] Rothstein: The Life, Times, and Murder of the Criminal Genius Who Fixed the 1919 World Series, David Pietrusza, page 195

[126] Rothstein: The Life, Times, and Murder of the Criminal Genius Who Fixed the 1919 World Series, David Pietrusza, page 377

[127] Oncle Frank: Frank Costello, Vie et Mort d'un Parrain, Leonard Katz, page 225

[128] Oncle Frank: Frank Costello, Vie et Mort d'un Parrain, Leonard Katz, page 226

[129] Five Families: The Rise, Decline, and Resurgence of America's Most Powerful Mafia Empires, Selwyn Raab, page 230

[130] Five Families: The Rise, Decline, and Resurgence of America's Most Powerful Mafia Empires, Selwyn Raab, page 285

[131] Five Families: The Rise, Decline, and Resurgence of America's Most Powerful Mafia Empires, Selwyn Raab, page 230

[132] Oncle Frank: Frank Costello, Vie et Mort d'un Parrain, Leonard Katz, page 143

[133] New York Times, 6 janvier 1973, page 32

[134] Deal With The Devil: The FBI's Secret Thirty-Year Relationship With a Mafia Killer, Peter Lance, page 29

[135] Deal With The Devil: The FBI's Secret Thirty-Year Relationship With a Mafia Killer, Peter Lance, page 30

[136] https://www.historynet.com/two-gun-hart-the-prohibition-cowboy

[137] Interview de l'historien Garrett Peck, Library of Congress, 26 octobre 2011, à 35mn56, https://www.loc.gov/item/2021688759

[138] Document déclassifié de la CIA https://graphics8.nytimes.com/packages/pdf/national/familyjewels/20070626_-ciaandmob.pdf

[139] Archives du gouvernement Américain https://www.archives.gov/files/research/jfk/releases/2021/docid-32105805.pdf, page 107

[140] Five Families: The Rise, Decline, and Resurgence of America's Most Powerful Mafia Empires, Selwyn Raab, page 3

[141] The Valachi Papers, Peter Maas, page 15

[142] Five Families: The Rise, Decline, and Resurgence of America's Most Powerful Mafia Empires, Selwyn Raab, page 4

[143] Mob Boss: The Life of Little Al D'Arco, the Man Who Brought Down the Mafia, Jerry Capeci et Tom Robbins, page 192

[144] Five Families: The Rise, Decline, and Resurgence of America's Most Powerful Mafia Empires, Selwyn Raab, page 4

145 Mob Boss: The Life of Little Al D'Arco, the Man Who Brought Down the Mafia, Jerry Capeci et Tom Robbins, page 193

146 https://www.gov.il/en/departments/policies/government_law_of_return_nativ

147 Jewish Telegraphic Agency, 12 juin 1980, page 3

148 Little Man: Meyer Lansky and the Gangster Life, Robert Lacey, page 333

149 Little Man: Meyer Lansky and the Gangster Life, Robert Lacey, page 348

150 https://www.refworld.org/legal/legislation/natlegbod/1950/en/34127

151 https://www.senate.gov/about/powers-procedures/investigations/kefauver.htm

152 https://deadline.com/2016/05/tv-season-2015-2016-series-rankings-shows-full-list-1201763189/

153 Crime, Justice, and Society, Calvin J. Larson et Gerald R. Garrett, page 152

154 Gotti, Jerry Capeci et Gene Mustain, page 177

155 Gotti, Jerry Capeci et Gene Mustain, page 121

156 Gotti, Jerry Capeci et Gene Mustain, page 122

157 Gotti, Jerry Capeci et Gene Mustain, page 124

158 Gotti, Jerry Capeci et Gene Mustain, page 123

159 New York Times, 7 novembre 1992, page 25

160 Gotti, Jerry Capeci et Gene Mustain, page 173

161 The American Gladiators: Taft Versus Remus, Albert Rosenberg, page 3

162 The American Gladiators: Taft Versus Remus, Albert Rosenberg, page 2

163 The American Gladiators: Taft Versus Remus, Albert Rosenberg, page 9

164 The American Gladiators: Taft Versus Remus, Albert Rosenberg, page 13

165 Interview de l'historien Bob Batchelor sur C-SPAN, 25 septembre 2019, à 48mn50, https://www.c-span.org/video/?464406-1/the-bourbon-king

166 New York Times, 21 janvier 1952, page 10

167 https://winstonchurchill.org/publications/churchill-bulletin/bulletin-163-jan-2022/churchill-style-33/

168 Tommy Gun: How General Thompson's Submachine Gun Wrote History, Bill Yenne, page 74

169 Tommy Gun: How General Thompson's Submachine Gun Wrote History, Bill Yenne, page 75

170 Los Angeles Times, 28 mai 1992, page 25

171 https://constitution.congress.gov/constitution/amendment-5/

172 Journal of Law and Criminology, Rackets in America, volume 49, Virgil W. Peterson, page 586

173 J.E. Hoover Confidential, Anthony Summers, page 221

174 J.E. Hoover Confidential, Anthony Summers, page 225

175 J.E. Hoover Confidential, Anthony Summers, page 229

176 J.E. Hoover Confidential, Anthony Summers, page 89

177 J.E. Hoover Confidential, Anthony Summers, page 231

178 J.E. Hoover Confidential, Anthony Summers, page 13

179 Vanderbilt Law Review, Volume 43, Issue 3, G. Robert Blakey et Thomas A. Perry, page 985

180 https://www.nixonfoundation.org/2013/07/the-fight-against-organized-crime-continues/

181 Criminal Rico: A Manual For Federal Prosecutors, U.S. Department of Justice, page 2

182 https://www.hbs.edu/faculty/Pages/item.aspx?num=37240

183 https://supreme.justia.com/cases/federal/us/274/259/

184 Chicago Sunday Tribune, 18 octobre 1931, page 1

185 Capone, John Kobler, page 342

186 Gotti, Jerry Capeci et Gene Mustain, page 176

187 The American Gladiators: Taft Versus Remus, Albert Rosenberg, page 4

188 Donnie Brasco: My Undercover Life in the Mafia, Joseph D. Pistone, page 86

189 Donnie Brasco: My Undercover Life in the Mafia, Joseph D. Pistone, page 96

190 New York Times, 16 janvier 1983, page 29

191 Little Man: Meyer Lansky and the Gangster Life, Robert Lacey, page 4

[192] Little Man: Meyer Lansky and the Gangster Life, Robert Lacey, page 3

[193] Little Man: Meyer Lansky and the Gangster Life, Robert Lacey, page 23

[194] Olives: The Life and Lore of a Noble Fruit, Mort Rosenbaum, page 139

[195] Oncle Frank: Frank Costello, Vie et Mort d'un Parrain, Leonard Katz, page 244

[196] Rothstein: The Life, Times, and Murder of the Criminal Genius Who Fixed the 1919 World Series, David Pietrusza, page 50

[197] Rothstein: The Life, Times, and Murder of the Criminal Genius Who Fixed the 1919 World Series, David Pietrusza, page 224

[198] The Complete Idiot's Guide to the Mafia, Jerry Capeci , appendice B

[199] The Fresno Bee, 7 juillet 1964, page 10

[200] Mafia Princess: Growing Up in Sam Giancana's Family, Antoinette Giancana et Thomas C. Renner, page 90

[201] Mafia Princess: Growing Up in Sam Giancana's Family, Antoinette Giancana et Thomas C. Renner, page 91

[202] Donnie Brasco: My Undercover Life in the Mafia, Joseph D. Pistone, page 267

[203] Donnie Brasco: My Undercover Life in the Mafia, Joseph D. Pistone, page 268

[204] Mr. Capone, Robert J. Schoenberg, page 123

[205] Mr. Capone, Robert J. Schoenberg, page 309

[206] https://www.secretservice.gov/about/history/transportation

[207] https://www.findagrave.com

[208] Mob Boss: The Life of Little Al D'Arco, the Man Who Brought Down the Mafia, Jerry Capeci et Tom Robbins, page 45

[209] Mob Boss: The Life of Little Al D'Arco, the Man Who Brought Down the Mafia, Jerry Capeci et Tom Robbins, page 47

[210] Gotti, Jerry Capeci et Gene Mustain, page 171

[211] Gotti, Jerry Capeci et Gene Mustain, page 176

[212] Mob Boss: The Life of Little Al D'Arco, the Man Who Brought Down the Mafia, Jerry Capeci et Tom Robbins, page 432

[213] We Only Kill Each Other: The Life and Bad Times of Bugsy Siegel, Dean Southern Jennings, page 125

[214] We Only Kill Each Other: The Life and Bad Times of Bugsy Siegel, Dean Southern Jennings, page 159

[215] Oncle Frank: Frank Costello, Vie et Mort d'un Parrain, Leonard Katz, page 244

[216] The Mafia Encyclopedia, Carl Sifakis page 78

[217] The Mafia Encyclopedia, Carl Sifakis, page 174

[218] Rothstein: The Life, Times, and Murder of the Criminal Genius Who Fixed the 1919 World Series, David Pietrusza, page 333

[219] Capone, John Kobler, page 24

[220] Capone, John Kobler, page 27

[221] New York Times, 16 juillet 1979, page 1

[222] Donnie Brasco: Unfinished Business, Joseph D. Pistone, page 29

[223] Donnie Brasco: Unfinished Business, Joseph D. Pistone, page 30

[224] Homme d'Honneur, Joseph Bonanno, page 8

[225] Capone, John Kobler, page 27

[226] Capone, John Kobler, page 80

[227] Capone, John Kobler, page 128

[228] Rothstein: The Life, Times, and Murder of the Criminal Genius Who Fixed the 1919 World Series, David Pietrusza, page 17

[229] Oncle Frank: Frank Costello, Vie et Mort d'un Parrain, Leonard Katz, page 20

[230] News-Press, Fort Myers, 24 septembre 1945, page 4

[231] Chicago Tribune, 30 juillet 1993, page 36

[232] The Mafia Encyclopedia, Carl Sifakis page 3

[233] The Mafia Encyclopedia, Carl Sifakis page 304

[234] The Origin of Organized Crime in America: The New York City Mafia, 1891-1931, David Critchley, page 186

[235] https://www.gettyimages.fr/detail/photo-d%27actualit%C3%A9/the-body-of-underworld-kingpin-joe-the-boss-masseria-photo-dactualit%C3%A9/514679792

[236] Uncle Frank: The Biography of Frank Costello, Leonard Katz, page 252

[237] New York Times, 16 Mai 1998, page 6

[238] https://descendantofthieves.com/

[239] Gotti, Jerry Capeci et Gene Mustain, page 33

[240] Gotti, Jerry Capeci et Gene Mustain, page 225

[241] New York Times, 16 Mai 1998, page 6

[242] The Mafia Encyclopedia, Carl Sifakis, page 354

[243] Mob Boss: The Life of Little Al D'Arco, the Man Who Brought Down the Mafia, Jerry Capeci et Tom Robbins, page 443

[244] New York Times, 19 décembre 1997, page 8

[245] Mob Boss: The Life of Little Al D'Arco, the Man Who Brought Down the Mafia, Jerry Capeci et Tom Robbins, page 368

[246] Mob Boss: The Life of Little Al D'Arco, the Man Who Brought Down the Mafia, Jerry Capeci et Tom Robbins, page 369

[247] Mob Boss: The Life of Little Al D'Arco, the Man Who Brought Down the Mafia, Jerry Capeci et Tom Robbins, page 373

[248] Mob Boss: The Life of Little Al D'Arco, the Man Who Brought Down the Mafia, Jerry Capeci et Tom Robbins, page 364

[249] Mob Boss: The Life of Little Al D'Arco, the Man Who Brought Down the Mafia, Jerry Capeci et Tom Robbins, page 374

[250] Mob Boss: The Life of Little Al D'Arco, the Man Who Brought Down the Mafia, Jerry Capeci et Tom Robbins, page 387

[251] New York Times, 27 février 1973, page 78

[252] The Godfather Effect: Changing Hollywood, America, and Me, Tom Santopietro, page 144

[253] Little Man: Meyer Lansky and the Gangster Life, Robert Lacey, page 135

[254] Little Man: Meyer Lansky and the Gangster Life, Robert Lacey, page 137

[255] Little Man: Meyer Lansky and the Gangster Life, Robert Lacey, page 138

[256] Capone: The Man and the Era, Laurence Bergreen, page 511

[257] Capone: The Man and the Era, Laurence Bergreen, page 116

[258] Capone: The Man and the Era, Laurence Bergreen, page 564

[259] Les Secrets de la Mafia, Philippe Di Folco, page 68

[260] Mickey Cohen: The Life and Crimes of L.A.'s Notorious Mobster, Tere Tereba, page 92

[261] Mob Lawyer, Frank Ragano et Selwyn Raab, page 219

[262] https://baseballhall.org/hall-of-famers/brown-mordecai

[263] Homme d'Honneur, Joseph Bonanno, page 169

[264] Homme d'Honneur, Joseph Bonanno, page 285

265 New York Times, 16 octobre 1976, page 28

266 Homme d'Honneur, Joseph Bonanno, page 284

267 Homme d'Honneur, Joseph Bonanno, page 210

268 Deal With The Devil: The FBI's Secret Thirty-Year Relationship With a Mafia Killer, Peter Lance, page 189

269 Deal With The Devil: The FBI's Secret Thirty-Year Relationship With a Mafia Killer, Peter Lance, page 190

270 Deal With The Devil: The FBI's Secret Thirty-Year Relationship With a Mafia Killer, Peter Lance, page 191

271 New York Times, 30 août 1992, page 35

272 Mafia Princess: Growing Up in Sam Giancana's Family, Antoinette Giancana et Thomas C. Renner, page 183

273 Mafia Princess: Growing Up in Sam Giancana's Family, Antoinette Giancana et Thomas C. Renner, page 184

274 Mafia Princess: Growing Up in Sam Giancana's Family, Antoinette Giancana et Thomas C. Renner, page 188

275 Dossier du FBI sur Carmine Galante, fichier NY-92-911, page 14

276 Five Families: The Rise, Decline, and Resurgence of America's Most Powerful Mafia Empires, Selwyn Raab, page 204

277 Oncle Frank: Frank Costello, Vie et Mort d'un Parrain, Leonard Katz, page 175

278 The Last Godfather: The Rise and Fall of Joey Massino, Simon Crittle, page 194

279 Little Man: Meyer Lansky and the Gangster Life, Robert Lacey, page 70

[280] Little Man: Meyer Lansky and the Gangster Life, Robert Lacey, page 71

[281] Little Man: Meyer Lansky and the Gangster Life, Robert Lacey, page 73

[282] Little Man: Meyer Lansky and the Gangster Life, Robert Lacey, page 437

[283] Little Man: Meyer Lansky and the Gangster Life, Robert Lacey, page 438

[284] Five Families: The Rise, Decline, and Resurgence of America's Most Powerful Mafia Empires, Selwyn Raab, page 56

[285] Five Families: The Rise, Decline, and Resurgence of America's Most Powerful Mafia Empires, Selwyn Raab, page 57

[286] The Mafia at War, Allied Collusion With the Mob, Tim Newark, page 103

[287] The Mafia at War, Allied Collusion With the Mob, Tim Newark, page 112

[288] Smartest Bandit of the Cookson Hills, Carl Janaway, page 117

[289] Brutal: The Untold Story of My Life Inside Whitey Bulger's Irish Mob, Kevin Weeks, page 83

[290] Project MKULTRA, the CIA's Program of Research in Behavioral Modification, U.S. Government, page 69

[291] Brutal: The Untold Story of My Life Inside Whitey Bulger's Irish Mob, Kevin Weeks, page 83

[292] Brutal: The Untold Story of My Life Inside Whitey Bulger's Irish Mob, Kevin Weeks, page 84

[293] Gotti, Jerry Capeci et Gene Mustain, page 439

[294] Iced: The Story of Organized Crime in Canada, Stephen Schneider, page 255

[295] Homme d'Honneur, Joseph Bonanno, page 234

[296] Homme d'Honneur, Joseph Bonanno, page 236

[297] Cigar City Mafia: A Complete History of the Tampa Underworld, Scott Deitche, page 101

[298] Cigar City Mafia: A Complete History of the Tampa Underworld, Scott Deitche, page 99

[299] Cigar City Mafia: A Complete History of the Tampa Underworld, Scott Deitche, page 102

[300] Cigar City Mafia: A Complete History of the Tampa Underworld, Scott Deitche, page 104

[301] Jazz and the Underworld: Dangerous Rhythms, T.J. English, page 291

[302] https://law.justia.com/cases/federal/appellate-courts/F2/352/921/404004/

[303] Mafia Princess: Growing Up in Sam Giancana's Family, Antoinette Giancana et Thomas C. Renner, page 337

[304] The Mafia at War, Allied Collusion With the Mob, Tim Newark, page 69

[305] The Mafia at War, Allied Collusion With the Mob, Tim Newark, page 90

[306] The Mafia at War, Allied Collusion With the Mob, Tim Newark, page 104

[307] The Mafia at War, Allied Collusion With the Mob, Tim Newark, page 91

[308] The Mafia at War, Allied Collusion With the Mob, Tim Newark, page 268

[309] Smartest Bandit of the Cookson Hills, Carl Janaway, page 123

[310] NBC News, 15 avril 2006, https://www.nbcnews.com/id/wbna12321039

[311] Les Affranchis: La Vie Quotidienne dans la Mafia, Nicholas Pileggi, page 238

[312] Les Affranchis: La Vie Quotidienne dans la Mafia, Nicholas Pileggi, page 239

[313] Smartest Bandit of the Cookson Hills, Carl Janaway, page 117

[314] The Mad Ones: Crazy Joe Gallo and the Revolution at the Edge of the Underworld, Tom Folsom, page 121

[315] The Mad Ones: Crazy Joe Gallo and the Revolution at the Edge of the Underworld, Tom Folsom, page 131

[316] The Mad Ones: Crazy Joe Gallo and the Revolution at the Edge of the Underworld, Tom Folsom, page 157

[317] Rothstein: The Life, Times, and Murder of the Criminal Genius Who Fixed the 1919 World Series, David Pietrusza, page 30

[318] Rothstein: The Life, Times, and Murder of the Criminal Genius Who Fixed the 1919 World Series, David Pietrusza, page 4

[319] Rothstein: The Life, Times, and Murder of the Criminal Genius Who Fixed the 1919 World Series, David Pietrusza, page 3

[320] Rothstein: The Life, Times, and Murder of the Criminal Genius Who Fixed the 1919 World Series, David Pietrusza, page 10

[321] The Mafia Encyclopedia, Carl Sikakis, page 168

[322] The Mafia Encyclopedia, Carl Sikakis, page 169

[323] Cosa Nostra, un Siècle d'Histoire, Eric Frattini, page 120

[324] We Only Kill Each Other: The Life and Bad Times of Bugsy Siegel, Dean Southern Jennings, page 154

[325] Cosa Nostra, un Siècle d'Histoire, Eric Frattini, page 120

[326] The Mafia Encyclopedia, Carl Sikakis, page 169

[327] Cosa Nostra, un Siècle d'Histoire, Eric Frattini, page 121

[328] We Only Kill Each Other: The Life and Bad Times of Bugsy Siegel, Dean Southern Jennings, page 209

[329] The Sinatra Club: My Life Inside the New York Mafia, Salvatore Polisi, page 3

[330] Golf Chicago Magazine, avril 2017, page 19

[331] Mafia, Life Times, page 68

[332] Mr. Capone, Robert J. Schoenberg, page 178

[333] Le Syndicat du Crime, Jean-Michel Charlier, page 219

[334] https://boxrec.com/en/proboxer/59280

[335] Goddess: The Secret Lives of Marilyn Monroe, Anthony Summers, page 270

[336] Oncle Frank: Frank Costello, Vie et Mort d'un Parrain, Leonard Katz, page 93

[337] Oncle Frank: Frank Costello, Vie et Mort d'un Parrain, Leonard Katz, page 102

[338] New York Times, 14 octobre 1934, page 1

[339] Rothstein: The Life, Times, and Murder of the Criminal Genius Who Fixed the 1919 World Series, David Pietrusza, page 38

[340] Rothstein: The Life, Times, and Murder of the Criminal Genius Who Fixed the 1919 World Series, David Pietrusza, page 40

[341] Little Man: Meyer Lansky and the Gangster Life, Robert Lacey, page 227

[342] Cigar City Mafia: A Complete History of the Tampa Underworld, Scott Deitche, page 98

[343] Little Man: Meyer Lansky and the Gangster Life, Robert Lacey, page 231

[344] Corruption in Cuba: Castro and Beyond, Sergio Díaz-Briquets et Jorge Pérez-López, page 83

[345] Five Families: The Rise, Decline, and Resurgence of America's Most Powerful Mafia Empires, Selwyn Raab, page 104

[346] Raging Bull: My Story, Jack La Motta, Joseph Carter et Peter Savage, page 161

[347] La Mafia à Hollywood, Tim Adler, page 128

[348] Five Families: The Rise, Decline, and Resurgence of America's Most Powerful Mafia Empires, Selwyn Raab, page 312

[349] Fats Waller, Maurice Waller et Anthony Calabrese, page 62

[350] Fats Waller, Maurice Waller et Anthony Calabrese, page 63

351 Sinatra: The Life, Anthony Summers, page 8

352 Frank Sinatra, une Mythologie Américaine, Steven Jezo-Vannier, page 21

353 Frank Sinatra, une Mythologie Américaine, Steven Jezo-Vannier, page 30

354 Frank Sinatra, une Mythologie Américaine, Steven Jezo-Vannier, page 33

355 Sinatra: The Life, Anthony Summers, page 21

356 Mob Boss: The Life of Little Al D'Arco, the Man Who Brought Down the Mafia, Jerry Capeci et Tom Robbins, page 228

357 https://www.last.fm/music/Anthrax/+wiki

358 https://www.grammy.com/artists/anthrax/7569

359 https://www.black-sabbath.com/theband/spitz/

360 The Bob Dylan Albums: A Critical Study, Anthony Varesi, page 130

361 The Bob Dylan Albums: A Critical Study, Anthony Varesi, page 132

362 https://www.bobdylan.com/songs/joey/

363 https://bestsellingalbums.org/album/5777

364 Capone: The Man and the Era, Laurence Bergreen, page 81

365 https://www.imdb.com/title/tt0099674/soundtrack/

366 https://www.opera-online.com/en/items/works/cavalleria-rusticana-mascagni-targioni-tozzetti-1890

[367] Little Man: Meyer Lansky and the Gangster Life, Robert Lacey, page 148

[368] Little Man: Meyer Lansky and the Gangster Life, Robert Lacey, page 147

[369] Little Man: Meyer Lansky and the Gangster Life, Robert Lacey, page 142

[370] Little Man: Meyer Lansky and the Gangster Life, Robert Lacey, page 149

[371] Frank Sinatra, Steven Jezo-Vannier, page 295

[372] Frank Sinatra, Steven Jezo-Vannier, page 345

[373] Frank Sinatra, Steven Jezo-Vannier, page 246

[374] Frank Sinatra, Steven Jezo-Vannier, page 247

[375] Jazz and the Underworld: Dangerous Rhythms, T.J. English, page 81

[376] Jazz and the Underworld: Dangerous Rhythms, T.J. English, page 82

[377] Jazz and the Underworld: Dangerous Rhythms, T.J. English, page 37

[378] Jazz and the Underworld: Dangerous Rhythms, T.J. English, page 82

[379] Jazz and the Underworld: Dangerous Rhythms, T.J. English, page 96

[380] Jazz and the Underworld: Dangerous Rhythms, T.J. English, page 105

[381] Jazz and the Underworld: Dangerous Rhythms, T.J. English, page 107

[382] Jazz and the Underworld: Dangerous Rhythms, T.J. English, page 108

[383] Jazz and the Underworld: Dangerous Rhythms, T.J. English, page 110

[384] Jazz and the Underworld: Dangerous Rhythms, T.J. English, page 109

[385] Jazz and the Underworld: Dangerous Rhythms, T.J. English, page 111

[386] La Mafia à Hollywood, Tim Adler, page 180

[387] La Mafia à Hollywood, Tim Adler, page 181

[388] La Mafia à Hollywood, Tim Adler, page 182

[389] Frank Sinatra, une Mythologie Américaine, Steven Jezo-Vannier, page 176

[390] Sinatra: The Life, Anthony Summers, page 137

[391] Jazz and the Underworld: Dangerous Rhythms, T.J. English, page 102

[392] On the Rock: Twenty-Five Years in Alcatraz, Alvin Karpis, page 51

[393] On the Rock: Twenty-Five Years in Alcatraz, Alvin Karpis, page 52

[394] Chicago Tribune, 17 avril 2009, page 1

[395] Jazz and the Underworld: Dangerous Rhythms, T.J. English, page 153

[396] Jazz and the Underworld: Dangerous Rhythms, T.J. English, page 155

[397] https://www.ibdb.com/broadway-production/hot-cho-colates-10906

[398] Jazz and the Underworld: Dangerous Rhythms, T.J. English, page 156

[399] Les Secrets de la Mafia, Philippe Di Folco, page 160

[400] Jazz and the Underworld: Dangerous Rhythms, T.J. English, page 203

[401] Five Families: The Rise, Decline, and Resurgence of America's Most Powerful Mafia Empires, Selwyn Raab, page 94

[402] Homme d'Honneur, Joseph Bonanno, page 183

[403] Homme d'Honneur, Joseph Bonanno, page 184

[404] Homme d'Honneur, Joseph Bonanno, page 185

[405] Sinatra: The Life, Anthony Summers, page 341

[406] King of the Godfathers: "Big Joey" Massino and the Fall of the Bonanno Crime Family, Anthony M. Destefano, page 9

[407] King of the Godfathers: "Big Joey" Massino and the Fall of the Bonanno Crime Family, Anthony M. Destefano, page 13

[408] King of the Godfathers: "Big Joey" Massino and the Fall of the Bonanno Crime Family, Anthony M. Destefano, page 18

[409] La Mafia à Hollywood, Tim Adler, page 250

[410] La Mafia à Hollywood, Tim Adler, page 252

[411] https://www.imdb.com/title/tt0068646/

[412] The Godfather Effect: Changing Hollywood, America, and Me, Tom Santopietro, page 74

[413] La Mafia à Hollywood, Tim Adler, page 53

[414] La Mafia à Hollywood, Tim Adler, page 126

[415] La Mafia à Hollywood, Tim Adler, page 91

[416] La Mafia à Hollywood, Tim Adler, page 79

[417] La Mafia à Hollywood, Tim Adler, page 84

[418] La Mafia à Hollywood, Tim Adler, page 89

[419] The Great Gatsby, Francis Scott Fitzgerald, page 78

[420] Rothstein: The Life, Times, and Murder of the Criminal Genius Who Fixed the 1919 World Series, David Pietrusza, page 163

[421] The Great Gatsby, Francis Scott Fitzgerald, page 78

[422] F. Scott Fitzgerald's The Great Gatsby, Matthew Joseph Bruccoli, page 211

[423] Les Secrets de la Mafia, Philippe Di Folco, page 87

[424] Kill the Dutchman!: The Story of Dutch Schultz, Paul Sann, page 334

[425] Kill the Dutchman!: The Story of Dutch Schultz, Paul Sann, page 69

[426] Kill the Dutchman!: The Story of Dutch Schultz, Paul Sann, page 56

[427] Kill the Dutchman!: The Story of Dutch Schultz, Paul Sann, page 57

[428] The Hoffa Wars: The Rise and Fall of Jimmy Hoffa, Dan E. Moldea, page 10

[429] Les Secrets de la Mafia, Philippe Di Folco, page 202

[430] https://www.theguardian.com/film/2022/jul/08/james-caan-obituary

[431] La Mafia à Hollywood, Tim Adler, page 259

[432] We Only Kill Each Other: The Life and Bad Times of Bugsy Siegel, Dean Southern Jennings, page 40

[433] Gangsters and Goodfellas: The Mob, Witness Protection, and Life on the Run, Henry Hill, page 250

[434] Gangsters and Goodfellas: The Mob, Witness Protection, and Life on the Run, Henry Hill, page 249

[435] Le Syndicat du Crime, Jean-Michel Charlier, page 191

[436] Le Syndicat du Crime, Jean-Michel Charlier, page 192

[437] https://www.oscars.org/oscars/ceremonies/1939

[438] Homme d'Honneur, Joseph Bonanno, page 62

[439] Homme d'Honneur, Joseph Bonanno, page 58

[440] Homme d'Honneur, Joseph Bonanno, page 60

[441] https://www.vanityfair.com/hollywood/2012/04/sopranos-oral-history

[442] Five Families: The Rise, Decline, and Resurgence of America's Most Powerful Mafia Empires, Selwyn Raab, page 189

[443] Deal With The Devil: The FBI's Secret Thirty-Year Relationship With a Mafia Killer, Peter Lance, page 91

[444] Five Families: The Rise, Decline, and Resurgence of America's Most Powerful Mafia Empires, Selwyn Raab, page 646

[445] https://www.oscars.org/oscars/ceremonies/1944

[446] Five Families: The Rise, Decline, and Resurgence of America's Most Powerful Mafia Empires, Selwyn Raab, page 646

[447] The United States Attorney's Office, Eastern District of New York, communiqué de presse du 6 avril 2006

[448] The United States Attorney's Office, Eastern District of New York, communiqué de presse du 6 mars 2009

[449] https://www.imdb.com/name/nm0258388/

[450] Mob Boss: The Life of Little Al D'Arco, the Man Who Brought Down the Mafia, Jerry Capeci et Tom Robbins, page 45

[451] The Valachi Papers, Peter Maas, page 129

[452] The Evening Times, 3 mars 1953, page 2

[453] Rothstein: The Life, Times, and Murder of the Criminal Genius Who Fixed the 1919 World Series, David Pietrusza, page 50

[454] Jazz and the Underworld: Dangerous Rhythms, T.J. English, page 213

[455] Hollywood and the Mob: Movies, Mafia, Sex and Death, Tim Adler, page 176

[456] La Mafia à Hollywood, Tim Adler, page 237

[457] La Mafia à Hollywood, Tim Adler, page 239

[458] La Mafia à Hollywood, Tim Adler, page 122

[459] Capone, John Kobler, page 44

[460] Capone: The Man and the Era, Laurence Bergreen, page 81

461 Les Secrets de la Mafia, Philippe Di Folco, page 34

462 The Encyclopedia of Unsolved Crimes, Michael Newton, page 115

463 The Mafia Encyclopedia, Carl Sifakis page 414

464 King of the Godfathers: "Big Joey" Massino and the Fall of the Bonanno Crime Family, Anthony M. Destefano, page 227

465 Boss of Bosses: The Fall of the Godfather, the FBI and Paul Castellano, Joseph F. O'Brien et Andris Kurins, page 125

466 Boss of Bosses: The Fall of the Godfather, the FBI and Paul Castellano, Joseph F. O'Brien et Andris Kurins, page 278

467 Mob Boss: The Life of Little Al D'Arco, the Man Who Brought Down the Mafia, Jerry Capeci et Tom Robbins, page 107

468 Five Families: The Rise, Decline, and Resurgence of America's Most Powerful Mafia Empires, Selwyn Raab, page 331

469 New York Daily News, 29 septembre 1996, page 5

470 United States District Court, Eastern District of New York, Docket No. 90-CR-446 (S-4) (FB), Seth D. DuCharme, page 3

471 Mob Boss: The Life of Little Al D'Arco, the Man Who Brought Down the Mafia, Jerry Capeci et Tom Robbins, page 296

472 The Last Godfather: The Rise and Fall of Joey Massino, Simon Crittle, page 10

473 The Last Godfather: The Rise and Fall of Joey Massino, Simon Crittle, page 11

474 The Last Godfather: The Rise and Fall of Joey Massino, Simon Crittle, page 11 de l'avant propos par Joseph Pistone

[475] Little Man: Meyer Lansky and the Gangster Life, Robert Lacey, page 283

[476] https://www.ncbi.nlm.nih.gov/pmc/articles/PMC2972336/

[477] https://time.com/3665643/deadly-drinking/

[478] https://prohibition.themobmuseum.org/the-history/the-prohibition-underworld/bootleggers-and-bathtub-gin/

[479] Rothstein: The Life, Times, and Murder of the Criminal Genius Who Fixed the 1919 World Series, David Pietrusza, page 3

[480] Boardwalk Empire: The Birth, High Times, and Corruption of Atlantic City, Nelson Johnson, page 91

[481] Boardwalk Empire: The Birth, High Times, and Corruption of Atlantic City, Nelson Johnson, page 92

[482] https://prohibition.themobmuseum.org/the-history/the-prohibition-underworld/the-speakeasies-of-the-1920s/

[483] Mairie de New York, https://www.nyc.gov/assets/mome/pdf/ESI-NYCEDC-Nightlife-Report-2018.pdf

[484] New York Times, 3 mai 1972, page 1

[485] The Mafia Encyclopedia, Carl Sifakis page 304

[486] https://www.gettyimages.fr/detail/photo-d%27actualit%C3%A9/the-body-of-underworld-kingpin-joe-the-boss-masseria-photo-dactualit%C3%A9/514679792

[487] Bringing Down the Mob: The War Against the American Mafia, Thomas Reppetto, page 185

[488] The Day, 17 décembre 1985, page 1

[489] Gotti, Jerry Capeci et Gene Mustain, page 103

[490] Gotti, Jerry Capeci et Gene Mustain, page 110

[491] Cosa Nostra, un Siècle d'Histoire, Eric Frattini, page 91

[492] Cosa Nostra, un Siècle d'Histoire, Eric Frattini, page 92

[493] Mob Boss: The Life of Little Al D'Arco, the Man Who Brought Down the Mafia, Jerry Capeci et Tom Robbins, page 443

[494] The Valachi Papers, Peter Maas, page 197

[495] The New York Times. 12 mai 1920. page 2

[496] Mr. Capone, Robert J. Schoenberg, page 61

[497] Five Families: The Rise, Decline, and Resurgence of America's Most Powerful Mafia Empires, Selwyn Raab, page 26

[498] Homme d'Honneur, Joseph Bonanno, page 78

[499] https://prohibition.themobmuseum.org/the-history/the-prohibition-underworld/bootleggers-and-bathtub-gin/

[500] Oncle Frank: Frank Costello, Vie et Mort d'un Parrain, Leonard Katz, page 13

[501] Oncle Frank: Frank Costello, Vie et Mort d'un Parrain, Leonard Katz, page 16

[502] Mafia Princess: Growing Up in Sam Giancana's Family, Antoinette Giancana et Thomas C. Renner, page 69

[503] New York Times, 21 juin 1975, page 1

[504] Mafia Princess: Growing Up in Sam Giancana's Family, Antoinette Giancana et Thomas C. Renner, page 356

505 Homme d'Honneur, Joseph Bonanno, page 160

506 Five Families: The Rise, Decline, and Resurgence of America's Most Powerful Mafia Empires, Selwyn Raab, page 94

507 Homme d'Honneur, Joseph Bonanno, page 160

508 The Last Godfather: The Rise and Fall of Joey Massino, Simon Crittle, page 122

509 The Way of the Wiseguy, Joseph D. Pistone, page 19

510 Les Secrets de la Mafia, Philippe Di Folco, page 72

511 Five Families: The Rise, Decline, and Resurgence of America's Most Powerful Mafia Empires, Selwyn Raab, page 565

512 Five Families: The Rise, Decline, and Resurgence of America's Most Powerful Mafia Empires, Selwyn Raab, page 566